특별부록

2021년 코레일
기출복원 모의고사

www.sdedu.co.kr

모바일 OMR 답안분석

| 01 | 직업기초능력평가

01 다음 글의 내용과 일치하는 것은?

4차 산업혁명에서 '혁명'은 말 그대로 큰 변화를 가져오는 것을 의미한다. 좀 더 풀어 설명하면 산업혁명은 '기술의 등장으로 인한 사회의 큰 변화'를 의미하는 것으로 이해할 수 있다. 사회적인 변화가 있었기 때문에 도시 모습도 당연히 변화됐다. 좀 더 엄밀히 말하면 특정 기술이 사회와 도시 모습을 바꾼 것이다. 1차 산업혁명은 열에너지 기술 등장으로 인한 교통수단과 생산이 자동화되는 시기다. 이때 철도를 움직이게 하기 위한 교통기반 시설이 갖춰지게 됐다. 2차 산업혁명은 전기 에너지 기반의 컨베이어 벨트 체계가 들어서기 시작할 때다. 이 시기에는 도시에 공장이 들어섬으로 인해 대량생산이 일어나게 된다. 3차 산업혁명은 '인터넷'이 등장한 시기다. 전 세계가 연결되고 정보 공유가 활발히 일어났다. 도시 모델 역시 '정보 공유형'의 특성을 가졌다. 이러한 도시를 유 시티(U-City)라고 한다. 유 시티는 '유비쿼터스 시티(Ubiquitous City)'의 줄임말로, 유비쿼터스는 '어디에나 존재하는'이라는 뜻을 가지고 있다. 정리하면 유 시티는 '장소와 시간에 구애받지 않고 시민들에게 정보를 제공하는 도시'로 정의할 수 있는데 인터넷 기술이 도시 모습에 영향을 미쳤음을 알 수 있다.

그렇다면 4차 산업혁명은 무엇이고, 스마트 시티는 기존 유 시티와 어떻게 다를까? 4차 산업혁명은 한마디로 산업 전 분야와 정보통신기술(ICT) 융합으로 생겨난 혁명으로, 핵심기술은 ICBM(IoT・Cloud・BigData・Mobile)이다. ICBM은 사물인터넷, 클라우드, 빅데이터 그리고 모바일이 결합한 기술로 정의하는데, 센서 역할을 하는 사물인터넷이 정보를 모아서 클라우드에 보낸다. 그러면 빅데이터는 이를 분석하고 사용자에게 서비스 형태로 모바일로 제공한다. 얼핏 들으면 기존 인터넷 시대와 다른 점이 없어 보인다. 그러나 두 가지 관점에서 명확히 다르다. 우선 연결 범위가 넓어졌다. 사물인터넷 등장으로 연결되는 기기 수가 증가하고 있다. 과거 인터넷 시대에는 컴퓨터, 휴대전화만 연결 대상이었다. 그러나 지금은 자동차, 세탁기 등이 연결 대상이 되어가고 있다. 참고로 시장 조사 전문 기관 '스태티스타(Statista)'에 따르면 사물인터넷 수는 2020년에 300억 기기가 인터넷으로 연결될 전망이다. 또 하나 인터넷 시대와 다른 점은 정보의 가공 수준이다. 빅데이터는 3V로 정의할 수 있는데, Velocity(속도), Volume(규모) 그리고 Variety(다양성)이다. 실제로는 속도와 규모로 빅데이터 여부를 나누는 것은 애매하다. 중요 부분은 '다양성'이라고 할 수 있는데, 빅데이터는 기계학습을 기반으로 비정형 데이터도 분석할 수 있다는 장점이 있다. 기존 분석 방식은 사람이 입력한 공식에 따라 처리하게 하는 '지식공학'이었다면, 현재 주목받는 기계학습 방식은 데이터를 주면 시스템이 알아서 공식을 만들고 문제를 푸는 방식이다. 이러한 방식은 적용 범위를 넓게 할 뿐만 아니라 분석 수준도 깊게 했다. 예를 들어 고양이를 비교하는 시스템을 개발한다고 해 보자. 사람이 고양이를 정의하는 공식을 만들어내는 것은 매우 복잡하고 오차 범위가 넓어서 적용이 어렵다. 반면에 시스템에 수많은 고양이 사진을 주고 스스로 고양이 정의를 내리게 한다면 어떨까?

바둑 천재 이세돌을 이긴 알파고를 예로 더 들어보자. 사람이 바둑으로 이세돌을 이길 수 있게 공식을 짤 수 있을까? 개발자가 이세돌보다 바둑을 더 잘 두지 않는 이상 어려울 것이다. 정리하면 4차 산업혁명은 '초연결'과 '지능화'라는 특성을 가진다. 그리고 이러한 특성은 스마트 시티에 그대로 적용되는 것이다. 스마트 시티 추진을 위해 반드시 염두에 둬야 할 점은 반드시 '시민'을 중심으로 이뤄져야 한다는 것이다. 두바이는 스마트 시티의 평가지표로 '행복계량기'를 설치해 시민이 행복 정도를 입력할 수 있도록 했다. 한 발 더 나아가 미국 뉴욕시는 뉴욕시민이 'NYC BIG' 앱을 통해 뉴욕의 문제점을 지적하고 서로 논의할 수 있게 했으며, 싱가포르는 '버추얼 싱가포르(3차원 가상도시 플랫폼)'를 통해 국민들에게 정보를 공유하고 제안할 수 있게 한다.

스마트 시티의 성공은 '인공지능'과의 접목을 통한 기술 향상이 아니다. 스마트 시티 추진의 목적은 바로 시민의 '행복'이다.

① 1차 산업혁명 때는 컨베이어 벨트를 이용한 자동화 기술이 들어섰다.
② 과거 인터넷 시대에는 자동차, 세탁기에만 인터넷 연결이 가능했다.
③ 4차 산업혁명 시대의 도시는 '정보 공유형' 특성을 가진다.
④ 빅데이터는 속도, 규모, 연결성으로 정의할 수 있다.
⑤ 스마트 시티는 인공지능 기술 향상만으로 성공할 수 없다.

02 A ~ C팀에 대한 근무 만족도 조사를 한 결과 근무 만족도 평균이 〈보기〉와 같을 때 이에 대한 설명으로 옳은 것은?

─〈보기〉─
• A팀은 근무 만족도 평균이 80이다.
• B팀은 근무 만족도 평균이 90이다.
• C팀은 근무 만족도 평균이 40이다.
• A팀과 B팀의 근무 만족도 평균은 88이다.
• B팀과 C팀의 근무 만족도 평균은 70이다.

① C팀의 사원 수는 짝수이다.
② A팀의 사원의 근무 만족도 평균이 가장 낮다.
③ B팀의 사원 수는 A팀 사원 수의 2배이다.
④ C팀의 사원 수는 A팀 사원 수의 3배이다.
⑤ A ~ C팀의 근무 만족도 평균은 70이 넘지 않는다.

03 다음 글에 대한 설명으로 옳은 것은?

국토교통부는 도로로 운송하던 화물을 철도로 전환하여 운송하는 사업자 또는 화주들에게 보조금을 지급하기 위한 지원 사업 대상자 선정 공모를 3월 18일(목) ~ 28일(일) 11일간 실시한다. 그리고 공모에 신청한 사업자들의 도로 → 철도 전환물량 등 운송계획 등을 검토한 후 4월 중 지원 대상자를 선정할 계획이라고 밝혔다.

2021년 보조금 지원 총액은 28.8억 원이며, 지원 대상자는 전환화물의 규모 등에 따라 선정하되, 우수물류기업과 중소기업은 각각 예산의 50%와 20% 범위 내에서 우선 선정할 계획이다. 올해에는 최근 철도화물 운송량 지속 감소 등을 감안하여 보조금 지급 기준을 낮추어 지원할 계획이다.

이에 따라 예년보다 철도전환 물량이 늘어난 경우에는 공제율 없이 증가 물량의 100%를 지원 대상으로 산정토록 제도도 개선하였다. 철도 전환교통 지원 사업은 지구온난화, 에너지위기 등에 대응하여, 탄소 배출량이 적고 에너지 효율이 높은 철도물류의 활성화를 위해 철도와 도로의 물류비 차액을 보조, 지급하는 제도이다. 2010년부터 시행하고 있는 본 사업은 작년까지 총 325억 원의 보조금 지원을 통해 76억 톤·km의 화물을 도로에서 철도로 전환하여 약 194만 톤의 탄소 배출을 줄인 바 있다. 이는 약 1백만 대의 화물자동차 운행을 대체한 수치로서, 약 3억 그루의 나무심기 효과라고 할 수 있다.

※ 사회·환경적 비용 : 도로대비 철도 약 1/2(철도 28.62, 도로 60.52 / 단위 : 원/톤·km)
※ 76억 톤·km=총 운송량 2,583만 톤×평균 운송거리 295km
※ 화물자동차 1백만 대=총 운송량 2,583만 톤÷화물자동차 운송량 24톤/대

국토교통부 철도운영과는 "온실가스 배출 저감을 실천할 수 있는 전환교통사업에 물류사업자 분들의 적극적인 참여를 기대한다."면서, "2050 탄소중립을 위해 철도물류의 역할이 어느 때보다 중요한 만큼 재정당국과 협의하여 관련 예산 규모와 지원대상 기업 등을 지속적으로 확대해 나갈 계획이다."라고 밝혔다.

① 대상자는 공모가 끝나는 3월 28일에 발표된다.
② 우수물류기업의 경우 예산 20% 내에서 우선 선정할 계획이다.
③ 작년에는 올해보다 대상자에 선정되기가 까다로웠다.
④ 전년보다 철도전환 물량이 늘어난 기업의 경우 전체 물량의 100%를 지원 대상으로 산정한다.
⑤ 이 사업을 통해 작년에만 약 194만 톤의 탄소 배출량이 감소했다.

04 다음 글에 대한 설명으로 옳은 것은?

마스크 5부제는 대한민국 정부가 2020년 3월 5일 내놓은 '마스크 수급 안정화 대책'에 포함된 내용이다. 코로나바이러스감염증19 확진자 증가로 마스크 수요가 급증함에도 수급이 불안정한 상황에 따른 대책으로, 2020년 3월 9일부터 5월 31일까지 시행되었다. 원활하지 않은 마스크의 공급으로 인해 구매가 어려워지자, 지정된 날에 공적 마스크를 1인당 최대 2개까지만 구입할 수 있도록 제한하였고(2020년 4월 27일부터는 총 3장까지 구매가 가능해졌다), 구매 이력은 전산에 별도 등록되어 같은 주에는 중복 구매가 불가능하며, 다음 주에 구매가 가능했다.

마스크를 구매하기 위해서는 주민등록증이나 운전면허증, 여권 등 법정신분증을 제시해야 했으며, 외국인이라면 건강보험증과 외국인등록증을 함께 보여줘야 했다. 미성년자의 경우 부모의 신분증과 주민등록등본을 지참하여 부모가 동행해서 구매하거나 여권, 청소년증, 혹은 학생증과 주민등록등본을 제시해야 했으며, 본인 확인이 불가능하다면 마스크를 혼자 구매할 수 없었다.

다만, 만 10세 이하의 아이, 80세 이상의 어르신, 장기요양 수급자, 임신부의 경우에는 대리 구매가 가능했다. 함께 사는 만 10살 이하의 아이, 80세 이상의 어르신의 몫을 대신 구매하려면 대리 구매자의 신분증과 주민등록등본 혹은 가족관계증명서를 함께 제시해야 했다. 장기요양 수급자의 경우 대리 구매 시 장기요양인증서, 장애인은 장애인등록증을 지참하면 되었다. 임신부의 경우 대리 구매자의 신분증과 주민등록등본, 임신확인서를 제시해 대리 구매를 할 수 있었다.

① 4월 27일부터는 날짜에 관계없이 인당 3개의 마스크를 구매할 수 있다.
② 7살인 자녀의 마스크를 구매하기 위해선 가족관계증명서만 지참하면 된다.
③ 마스크를 이미 구매했더라도 대리 구매를 통해 추가로 마스크 구매가 가능하다.
④ 외국인이 마스크를 구매하기 위해선 외국인 등록증과 건강보험증을 제시해야 한다.
⑤ 임신부가 사용할 마스크를 대리 구매하기 위해선 총 2개의 증명서를 지참해야 한다.

※ 다음은 A ~ E약물에 대한 자료이다. 〈조건〉을 바탕으로 이어지는 질문에 답하시오. [5~6]

약 종류	1주 복용 횟수	복용 시기	혼용하면 안 되는 약	복용 우선순위
A	4회	식후	B, C, E	3
B	4회	식후	A, C	1
C	3회	식전	A, B	2
D	5회	식전	–	5
E	4회	식후	A	4

〈조건〉

• S씨는 모든 약을 복용해야 한다.
• 혼용하면 안 되는 약은 한 끼니를 전후하여 혼용해서는 안 된다.
 – 아침 전후 or 점심 전후 or 저녁 전후는 혼용 불가
• 약은 우선순위대로 최대한 빨리 복용하여야 한다.
• 식사는 아침, 점심, 저녁만 해당한다.
• 하루 최대 6회까지 복용할 수 있다.
• 약은 한번 복용하기 시작하면 해당 약을 모두 먹을 때까지 중단 없이 복용하여야 한다.
• 모든 약은 하루 최대 1회 복용할 수 있다.

05 다음 중 〈조건〉을 고려할 때, 모든 약의 복용이 완료되는 시점으로 적절한 것은?

① 4일 차 점심
② 4일 차 저녁
③ 5일 차 아침
④ 5일 차 저녁
⑤ 6일 차 아침

06 다음 〈보기〉의 설명 중 S씨의 A ~ E약물 복용에 대하여 옳은 설명을 모두 고르면?

〈보기〉

ㄱ. 하루에 A ~ E를 모두 복용할 수 있다.
ㄴ. D는 점심에만 복용한다.
ㄷ. 최단 시일 내에 모든 약을 복용하기 위해서는 A는 저녁에만 복용하여야 한다.
ㄹ. A와 C를 동시에 복용하는 날은 총 2일이다.

① ㄱ, ㄴ
② ㄱ, ㄷ
③ ㄴ, ㄷ
④ ㄴ, ㄹ
⑤ ㄷ, ㄹ

07 K기업의 1~3년 차 근무를 마친 사원들은 인사이동 시기를 맞아 근무지를 이동해야 한다. 근무지 이동 규정과 각 사원들이 근무지 이동을 신청한 내용이 다음과 같을 때, 이에 대한 설명으로 옳지 않은 것은?

<근무지 이동 규정>

- 수도권 지역은 여의도, 종로, 영등포이고, 지방의 지역은 광주, 제주, 대구이다.
- 2번 이상 같은 지역을 신청할 수 없다. 예 여의도 → 여의도(✕)
- 3년 연속 같은 수도권 지역이나 지방 지역을 신청할 수 없다.
- 2, 3년 차보다 1년 차 신입 및 1년 차 근무를 마친 직원이 신청한 내용을 우선적으로 반영한다.
- 1년 차 신입은 전년도 평가 점수를 100점으로 한다.
- A ~ E직원은 서로 다른 곳에 배치된다.
- 같은 지역으로의 이동을 신청한 경우 전년도 평가 점수가 더 높은 사람을 배정한다.
- 규정에 부합하지 않게 이동 신청을 한 경우, 신청한 곳에 배정받을 수 없다.

<근무지 이동 신청>

직원	1년 차 근무지	2년 차 근무지	3년 차 근무지	신청지	전년도 평가
A	대구	−	−	종로	−
B	여의도	광주	−	영등포	92
C	종로	대구	여의도	미정	88
D	영등포	종로	−	여의도	91
E	광주	영등포	제주	여의도	89

① B는 영등포로 이동하게 될 것이다.
② C는 지방 지역으로 이동하고, E는 여의도로 이동하게 될 것이다.
③ A는 대구를 1년 차 근무지로 신청하였을 것이다.
④ D는 자신의 신청지로 이동하게 될 것이다.
⑤ C가 제주로 이동한다면, D는 광주나 대구로 이동하게 된다.

먹거리의 안전에 대한 고민

원산지 표시제, 더 나아가 먹거리에 대한 표시제의 이점은 무엇일까? 원산지나 지리적 표시제품의 경우, 소비자 입장에서는 더 친근하게 여길 뿐만 아니라 품질에 대한 믿음 역시 강해져 구매로 이어질 가능성이 높다. 표시제는 단순한 제도 차원이 아닌 표시제의 실체에 대한 공감이 전제되어야 하며, 그 실체가 해당 품목의 부류를 대표할 수 있는 전형성을 갖추고 있어야 한다. 이러한 제품이 반복적·지속적으로 소비자들에게 노출될 경우 자연스럽게 뇌에 각인될 수 있다. 바로 단순노출효과가 나타나기 때문이다.

그런데 특히 먹거리가 그 대상이라면 좀 더 복잡해진다. 먹거리는 생명과 직결될 정도로 품질에 대한 관여가 높고, 사람들마다 그 평가기준이 상이하며, 똑같은 개인일지라도 처해있는 상황에 따라 그 기준이 달라진다.

원산지 효과는 선택의 스트레스를 줄여준다

소비자는 불확실한 상황에서 제품이나 서비스 구매에 따른 의사결정을 하는 과정에서 선택의 스트레스를 많이 받게 된다. 흔히 겪게 되는 이와 같은 선택에 따른 스트레스를 야기시키는 주된 이유 중 하나는 선택의 폭이 넓을 때 발생한다. 즉 제품의 종류가 대여섯 가지일 때보다 20여 가지인 경우, 대안 선택을 결정하기 어려울 뿐 아니라 선택에 따른 후회감 역시 커지게 된다. 비록 최선의 선택 혹은 적어도 차선의 선택일지라도, 선택에서 제외된 나머지 대안들에 대한 미련이 강하게 남아 있기에 후회감으로 나타나게 마련이다. 특히 구입하는 제품이 공산품이 아닌 먹거리인 경우 이러한 스트레스는 더욱 커지게 마련이다. 이때 상당수의 주부들은 마트에서 식료품을 구입하면서 원산지와 생산자 등이 명시된 제품을 주로 선택하게 된다. 그만큼 가시적으로 구분하기 어려운 상황에서 원산지는 하나의 믿음에 대한 징표로 작용된다고 여기기 때문이다.

원산지 효과는 유명 브랜드에 버금가

일반적으로 원산지나 생산자 정보와 같은 생산여건이 소비자의 선택에 미치는 영향은 어느 정도일까? 일반적으로 명품이나 브랜드를 보고 구입하는 것과 유사한 양상을 띨까? 과연 원산지 효과는 어느 정도일까? 이에 대한 대답은 원산지나 생산자 정보가 선택에 따른 스트레스를 얼마나 줄여줄 수 있으며, 이로 인해 의사결정을 얼마나 신속하게 진행시킬 수 있느냐에 달려 있다. 선택에 따른 스트레스는 우리들로 하여금 선택을 망설이게 하거나 잘못된 대안을 선택하게 만들기 때문이다.

더 비싸더라도 원산지 표시제품을 사는 이유

원산지나 지리적 표시제 혹은 환경인증제를 포함한 각종 인증 마크가 있는 경우, 일반 제품에 비해 가격이 10% 정도 비싸지만 판매량은 더 높다고 한다. 이처럼 소비자가 그 비용을 흔쾌히 감수하려는 이유는 뭘까? 또 소비자들이 비싸게 주면서 얻고자 하는 것은 뭘까? 이 역시 선택의 스트레스를 줄이려는 노력과 무관치 않다. 제품으로부터 얻게 될 이득보다 혹시나 발생할지 모르는 손실이나 손해를 더 두려워하는 소비자의 심리 때문이다.

소비자들은 원산지나 지리적 표시제를 시행하는 농수산물이 10% 정도 더 비싸더라도 손쉽게 손이 간다. 특히 먹거리인 경우에는 가시적 품질지표가 부족하기 때문에 손실회피성향이 더 강하게 나타날 수 있기 때문이다. 더욱이 먹거리는 사람의 생명이나 가족의 건강과도 직결되는 제품 특성으로 인해 품질이나 신뢰에 대한 관여가 높다. 따라서 비록 10% 더 비싼 가격을 치르더라도 혹여나 있을지 모를 손실을 회피할 수 있는 안전장치로 가시적 표시인 원산지나 지리적 표시제를 선호하게 된다. 뿐만 아니라 소비자는 가격 – 품질의 연상 인식이 강하게 작용하기 때문에 비싼 만큼 품질 역시 더 좋을 것이라고 쉽게 믿게 된다.

원산지와 지리적 표시제에는 더 큰 책임감이 따른다

만약 원산지 효과가 소비자에게 부정적으로 비춰질 경우, 특히 이러한 제품이 먹거리일 경우 소비자들이 겪게 되는 심리적 고통은 이만저만이 아니다. 일반 제품에 대한 소비자들의 불만이나 불신은 제품불매운동처럼 극단적인 상황으로 이어질 가능성은 상대적으로 낮다. 하지만 먹거리처럼 원산지 표시가 매우 중요한 판단 지표로 작용되는 제품인 경우 소비자들의 불신은 매우 커진다. 단순히 불평불만에 그치지 않고 이보다 더 강력한 불평행동을 하게 된다. 물론 재구매는 꿈도 꾸기 어려운 상황일 것이다. 품질이나 디자인이 조금 맘에 들지 않는다면 험담이나 회사에 불평을 제기하거나 환불 / 교환 등을 하겠지만, 원산지를 속인 먹거리는 두 번 다시 구매목록에 오르지 못할 것이다. 따라서 원산지나 지리적 표시제를 시행하는 생산자 입장에서는 소비자들의 믿음과 신뢰를 얻기 위해서 더욱 막강한 책임감이 필수적이다.

원산지 표시제는 이와 같이 익명성을 탈피시켜 궁극적으로 사회적 태만을 줄일 수 있는 방안이다. 결국 원산지나 지리적 표시제는 생산자에게 유리한 브랜드자산 구축의 계기를 줄 수 있는 동시에, 생산자로 하여금 대소비자 책임감 부여라는 '양날의 칼'로 다가올 것이다.

① 먹거리는 불특정 다수를 상대로 단순노출효과를 이끌어 내기에 효과적이다.
② 소비자는 최선의 선택을 하게 될 경우 후회감이 0이 된다.
③ 소비자의 선택에 따른 스트레스를 줄여 주는 제품은 다른 제품보다 매출량이 높을 것이다.
④ 일반 제품보다 비싼 원산지 표시 제품을 구매할 때, 보통 소비자들은 선택의 스트레스를 더 많이 받는다.
⑤ 생산자는 원산지 표시제를 통해 사회적 태만을 소비자에게 전가한다.

---

09 다음 글을 읽고 올바르게 추론한 것은?

> 지난해 12만 마리 이상의 강아지가 버려졌다는 조사 결과가 나왔다. 동물보호 관련 단체는 강아지 번식장 등에 대한 적절한 규제가 필요하다고 주장했다.
>
> 27일 동물권 단체 동물구조119가 동물보호관리시스템 데이터를 분석해 발표한 자료에 따르면 유기견은 2016년 8만 8,531마리, 2017년 10만 840마리, 2018년 11만 8,710마리, 2019년 13만 3,504마리로 꾸준히 증가하다가 지난해 12만 8,719마리로 감소했다. 단체는 "유기견 발생 수가 작년 대비 소폭 하락했으나 큰 의미를 부여하긴 힘들다."고 지적했다.
>
> 지난해 유기견 발생 지역은 경기도가 2만 6,931마리로 가장 많았다. 경기 지역의 유기견은 2018년부터 매해 2만 5,000마리 ~ 2만 8,000마리 수준을 유지하고 있다. 단체는 "시골개, 떠돌이개 등이 지속적으로 유입됐기 때문"이라며 "중성화가 절실히 필요하다."고 강조했다.

① 경기 지역에서의 유기견 수는 항상 2만 5,000마리 이상을 유지했다.
② 경기 지역은 항상 버려지는 강아지가 가장 많이 발견되는 지역이다.
③ 매년 전체 유기견 수는 증가하는 추세이다.
④ 경기 지역 유기견 수가 감소하지 않는 것은 타 지역에서 지속적인 유입이 있었기 때문이다.
⑤ 적절한 유기견 관련 규제를 마련했음에도 지속적인 문제가 발생하고 있다.

10 A씨는 마스크 5부제에 따라 3월 9일이 월요일인 주의 평일에 공적마스크를 구매했다. A씨가 다음에 구입할 수 있는 날짜와 출생 연도 끝자리가 올바르게 연결된 것을 고르면?

- 공적마스크를 구매하는 인원을 제한하기 위해 마스크 5부제를 실시하고 있다.
- 마스크를 1차로 구매하고, 36일 이후에 마스크를 2차로 구매했다.
- 주중에 구매하지 못한 사람은 주말에 구매할 수 있다.
- 주말은 토요일, 일요일이다.

〈마스크 구매 가능 요일〉

태어난 연도의 끝자리	구매가능 요일	태어난 연도의 끝자리	구매가능 요일
1, 6	월요일	2, 7	화요일
3, 8	수요일	4, 9	목요일
5, 0	금요일		

① 4월 7일 – 2
② 4월 23일 – 4
③ 5월 7일 – 9
④ 5월 13일 – 3
⑤ 5월 15일 – 0

11 다음은 사거리 신호등에 대한 정보이다. 오전 8시 정각에 좌회전 신호가 켜졌다면, 오전 9시 정각의 신호로 옳은 것은?

- 정지 신호는 1분 10초 동안 켜진다.
- 좌회전 신호는 20초 동안 켜진다.
- 직진 신호는 1분 40초 동안 켜진다.
- 정지 신호 다음에 좌회전 신호, 좌회전 신호 다음에 직진 신호, 직진 신호 다음에 정지 신호가 켜진다.
- 세 가지 신호는 계속 반복된다.

① 정지 신호가 켜진다.
② 좌회전 신호가 켜진다.
③ 직진 신호가 켜진다.
④ 정지 신호가 켜져 있다.
⑤ 직진 신호가 켜져 있다.

12 어느 기업에서는 보안을 위해서 8자리의 비밀번호 입력을 요구하고 있다. 비밀번호는 알파벳과, 숫자, 특수문자가 각각 1개 이상 구성이 되어있어야 하며 연속된 숫자들은 소수로 구성이 되어야 한다. 다음 중 비밀번호가 될 수 없는 수는?

① Acelot3@

② 17@@ab31

③ 59a41b@@

④ 2a3b5c7!

⑤ 73a@91b@

13 다음은 국내 자동차와 주요 국가의 자동차 등록에 대한 자료이다. 자료에 대한 설명으로 옳지 않은 것은?(단, 자동차 1대당 인구 수는 소수점 이하 둘째 자리에서 반올림한다)

〈국내 연도별 자동차 등록 대수〉

국가	자동차 등록 대수(만 대)	인구 수(만 명)	자동차 1대당 인구 수(명)
미국	25,034	30,041	1.2
일본	7,625	12,963	1.7
중국	4,735	134,001	( )
독일	4,412	8,383	1.9
이탈리아	4,162	5,827	1.4
러시아	3,835	14,190	3.7
프랑스	3,726	6,334	1.7
영국	3,612	6,140	( )
스페인	2,864	4,582	1.6
브라질	2,778	19,446	7
멕시코	2,557	10,739	4.2
캐나다	2,134	3,414	1.6
폴란드	1,926	3,852	( )
한국	1,687	4,892	( )

① 중국의 자동차 1대당 인구 수는 멕시코의 자동차 1대당 인구 수의 6배 이상이다.

② 폴란드의 자동차 1대당 인구 수는 2이다.

③ 폴란드의 자동차 1대당 인구 수는 러시아와 스페인 전체 인구에서의 자동차 1대당 인구 수보다 적다.

④ 한국의 자동차 1대당 인구 수는 미국과 일본의 자동차 1대당 인구 수의 합과 같다.

⑤ 한국의 자동차 1대당 인구 수는 러시아와 스페인 전체 인구에서의 자동차 1대당 인구 수보다 적다.

14 다음 글의 제목으로 가장 적절한 것은?

요즘은 대체의학의 홍수시대라고 하여도 지나친 표현이 아니다. 우리가 먹거나 마시는 대부분의 비타민제나 건강음료 및 건강보조식품이 대체의학에서 나오지 않은 것이 없을 정도이니 말이다. 이러한 대체요법의 만연으로 한의계를 비롯한 제도권 의료계에서는 많은 경제적 위협을 받고 있다.

대체의학에 대한 정의는 일반적으로 현대의학의 표준화된 치료 이외에 환자들이 이용하는 치료법으로써 아직 증명되지는 않았으나, 혹은 일반 의료의 보조요법으로 과학자나 임상의사의 평가에 의해 증명되지는 않았으나 현재 예방, 진단, 치료에 사용되는 어떤 검사나 치료법 등을 통틀어 지칭하는 용어로 알려져 있다. 그러나 요즈음 우리나라에서 말하는 대체의학은 한마디로 정의하여 전통적인 한의학과 서양의학이 아닌 그 외의 의학을 통틀어 대체의학이라 부르고 있다. 원래는 1970년대 초반 동양의학의 침술이 미국의학계와 일반인들에게 유입되고 특별한 관심을 불러일으키면서 서양의학자들은 이들의 혼잡을 정리하기 위해 서양의학 이외의 다양한 전통의학과 민간요법을 통틀어 '대체의학'이라 부르기 시작했다. 그런 이유로 구미 각국에서는 한의학도 대체의학에 포함시키고 있으나 의료 이원화된 우리나라에서만은 한의학도 제도권 내의 공식 의학에 속하기 때문에 대체의학에서는 제외되고 있다.

서양에서 시작된 대체의학은 서양의 정통의학에서 부족한 부분을 보완하거나 대체할 새로운 치료의학에 대한 관심으로 시작하였으나 지금의 대체의학은 질병을 관찰함에 있어 부분적이기 보다는 전일(全一)적이며 질병 중심적이기 보다는 환자 중심적이고 인위적이기 보다는 자연적인 치료를 주장하는 인간중심의 한의학에 관심을 갖게 되면서 전반적인 상태나 영양 등은 물론 환자의 정신적, 사회적, 환경적인 부분까지 관찰하여 조화와 균형을 이루게 하는 치료법으로 거듭 진화하고 있으며 현재는 보완대체의학에서 보완통합의학으로, 다시 통합의학이라는 용어로 변모되어가고 있다.

대체의학을 분류하는 방법이 다양하지만 서양에서 분류한 세 가지 유형으로 구분하여 대표적인 것들을 소개하자면 다음과 같다. 첫째, 동양의학적 보완대체요법으로 침술, 기공치료, 명상요법, 요가, 아유르베다 의학, 자연요법, 생약요법, 아로마요법, 반사요법, 봉침요법, 접촉요법, 심령치료법, 기도요법 등이며 둘째, 서양의학적 보완대체요법으로는 최면요법, 신경 – 언어 프로그램 요법, 심상유도 요법, 바이오피드백 요법(생체되먹이 요법), 분자정형치료, 응용운동학, 중금속제거 요법, 해독요법, 영양보충 요법, 효소요법, 산소요법, 생물학적 치과치료법, 정골의학, 족부의학, 근자극요법, 두개천골자극 요법, 에너지의학, 롤핑요법, 세포치료법, 테이핑요법, 홍채진단학 등이 있고 셋째, 동서의학 접목형 보완대체요법으로는 동종요법, 양자의학, 식이요법, 절식요법, 주스요법, 장요법, 수치료, 광선요법, 뇨요법 등의 치료법이 있고, 요즘은 여기에다 미술치료, 음악치료 등의 새로운 치료법이 대두되고 있으며 이미 일부의 양·한방 의료계에서는 이들 중의 일부를 임상에 접목시키고 있다.

그러나 한의학으로 모든 질병을 정복하려는 우를 범해서는 아니 된다. 한의학으로 모든 질병이 정복되어진다면 서양의학이 존재할 수 없으며 대체의학이 새롭게 21세기를 지배할 이유가 없다. 한의학은 대체의학이 아니다. 마찬가지로 대체의학 역시 한의학이 아니며 서양의학도 아니다. 대체의학은 새로운 의학이다. 우리가 개척하고 정복해야 할 미지의 의학이다.

① 대체의학의 의미와 종류
② 대체의학이 지니는 문제점
③ 대체의학에 따른 부작용 사례
④ 대체의학의 한계와 개선방향
⑤ 대체의학의 연구 현황과 미래

15 다음 자료를 보고 추론한 것으로 옳지 않은 것은?

구분	올더스 헉슬리	조지 오웰
경고	스스로 압제를 환영하며, 사고력을 무력화하는 테크놀로지를 떠받을 것이다.	외부의 압제에 지배당할 것이다.
두려움	군이 서적을 금지할 이유가 없어지는 것에 대한 두려움	서적을 금지에 대한 두려움
	지나친 정보 과잉으로 수동적이고 이기적인 존재가 될 것 같은 두려움	정보 통제에 대한 두려움
	비현실적 상황에 진실이 압도당할 것에 대한 두려움	진실 은폐에 대한 두려움
	가상현실, 약물중독 따위에 몰두함으로 인해 하찮은 문화로 전락할 것에 대한 두려움	통제에 의한 문화가 감옥이 될 것에 대한 두려움
	우리가 좋아서 집착하는 것이 오히려 우리를 파괴할 것에 대한 두려움	우리가 증오하는 것이 우리를 파괴할 것 같은 두려움
통제	즐길 것을 통해서	고통을 가해서

– 닐 포스트먼, 『죽도록 즐기기』

① 조지 오웰은 개인의 자유가 침해되는 상황을 경계하고 있다.
② 올더스 헉슬리는 개인들이 통제를 기꺼이 받아들일 것이라고 전망했다.
③ 조지 오웰은 사람들이 너무 많은 정보를 접하는 상황에 대해 두려워했다.
④ 올더스 헉슬리는 쾌락을 통해 사람들을 움직일 수 있다고 본다.
⑤ 두 사람 모두 사람들은 자기 파멸에 대해 두려움을 느낀다.

〈맞춤형 우대예약 서비스(원콜 서비스)〉

- 경로고객 및 장애인 등 인터넷 예약이 어려운 고객을 위한 우대예약 서비스입니다.
- 대상고객
  만 65세 이상의 경로고객, 장애인, 상이등급이 있는 국가유공자
- 가입 방법
  역에 대상자 자격을 확인할 수 있는 신분증, 복지카드, 유공자증 등을 제시하고 서비스를 신청하시기 바랍니다.
- 신청 방법
  역 방문 → 대상자 확인(주민등록증, 복지카드, 국가유공자 등) → 신청서 작성 및 제출 → 개인정보 입력 및 활용 동의 → 결제 신용카드 정보 등록
  ※ 기존 우대서비스 대상자는 추가등록 없이 서비스 이용이 가능합니다.
- 제공서비스
  1. 철도고객센터로 전화 시 상담원 우선 연결
  2. 승차권 대금 결제기한을 열차출발 20분 전까지 유보
  3. 원콜(One-Call) : 전화상으로 결제・발권(전화 예약 후 역에서 발권하는 불편 개선)

원콜(One-Call) 서비스란?

- 맞춤형 우대서비스 대상자가 철도고객센터에서 전화 예약 후 역에서 대기 후 승차권을 구매해야 하는 불편함을 개선하고, 보다 쉽고 편리하게 열차 이용이 가능하도록 전화상으로 결제・발권이 가능한 원스톱 예약・발권 서비스를 개발
- 대상 고객이 결제・발권까지 원하는 경우
  일반휴대폰 / 코레일톡 미설치자 : '승차권 대용문자' 발권
  코레일톡 설치자(스마트폰) : 승차권 대용문자+스마트폰 티켓 혼용 발권
  ※ 승차권 대용문자 : 승차권 대신 사용이 가능하도록 휴대폰으로 전송하는 문자메시지(열차 내에서는 승차권에 표시된 대상자 이름과 승무원 단말기에 표시된 이름과 신분증을 같이 확인하여 유효한 승차권 여부 및 대상자임을 확인)
  ※ 1회 예약 및 발권 가능 매수는 2매입니다.
  ※ 공공할인(경로, 장애인, 어린이 등)과 중복할인이 되지 않습니다.
- 주의사항
  승차권 전화 예약 후 결제기한 3회 초과로 자동 취소 시 6개월 간 서비스 제한
  ☞ 1월 1일과 7월 1일 기준으로 반기별 예약 부도 실적이 3회 이상인 경우 다음 산정일까지 우대서비스 제한
  ※ 원콜(One-Call) 서비스를 이용한 전화 발권 방법

전화 결제・발권 방법

① 철도고객센터 전화 → ② 상담원 자동・우선연결 → ③ 대상자 유형에 따라 예약 안내 → ④ 승차권 예약(상담원) → ⑤ 사전등록된 신용카드 정보로 결제(ARS) → ⑥ 고객의 선택에 따라 상담원 안내에 맞춰 승차권 대용문자 단독 발권 또는 승차권 대용문자+스마트폰 티켓 혼용발권 선택 → ⑦ 발권완료(☞ 고객의 휴대폰으로 승차권과 동일하게 대용으로 사용이 가능한 문자 전송)
- 코레일톡 사용가능 여부에 따라 '승차권 대용문자' or '승차권 대용문자'+'스마트폰 티켓' 선택
- 휴대폰을 이용한 승차권 발권을 원하지 않는 경우 전화 예약 후 역창구 발권 가능
- 열차 내에서는 승차권 대용 문자의 운송정보와 승객의 신분증, 승무원 이동단말기 정보를 동시에 확인하여 정당한 이용 대상자임을 확인(대상자 외 타인 이용 적발 시, 무임승차 적용)

16 다음 중 맞춤형 우대예약 서비스에 대한 설명으로 옳은 것은?

① 모든 국가유공자는 해당 서비스를 이용할 수 있다.
② 전화를 통해서는 맞춤형 우대예약 서비스를 이용할 수 없다.
③ 신청을 위해서는 반드시 신분증을 지참하여야 한다.
④ 원콜 서비스를 이용하기 위해서는 반드시 신용카드를 사전등록하여야 한다.
⑤ 해당 서비스 이용에 따른 발권 방식은 이용자가 선택할 수 없다.

17 A씨는 맞춤형 우대예약 서비스를 이용하여 서울에서 대전으로 가는 KTX를 예매하고자 한다. A씨가 전화를 통한 발권 및 결제를 희망한다고 할 때, 다음 〈보기〉에서 옳지 않은 설명을 모두 고르면?

─────〈보기〉─────
ㄱ. A씨는 철도고객센터에 전화한 후, ARS를 통해서만 승차권을 예약이 가능하다.
ㄴ. 예약한 승차권은 복수의 방식으로 발급받을 수 있다.
ㄷ. 예약한 승차권은 별도 신청을 통해 타인에게 양도할 수 있다.
ㄹ. 예약 부도가 반복되는 경우, 서비스 이용이 제한될 수 있다.

① ㄱ, ㄴ   ② ㄱ, ㄷ
③ ㄴ, ㄷ   ④ ㄴ, ㄹ
⑤ ㄷ, ㄹ

18 다음 자료에 대한 〈보기〉의 설명 중 옳은 것을 모두 고르면?

〈결혼할 의향이 없는 1인 가구의 비중〉

(단위 : %)

구분	2019년		2020년	
	남성	여성	남성	여성
20대	8.2	4.2	15.1	15.5
30대	6.3	13.9	18.8	19.4
40대	18.6	29.5	22.1	35.5
50대	24.3	45.1	20.8	44.9

〈1인 생활 지속기간 예상〉

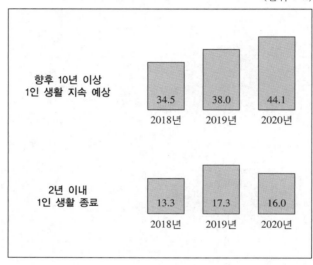

〈보기〉

ㄱ. 20대 남성은 30대 남성보다 1인 가구의 비중이 더 높다.
ㄴ. 30대 이상에서 결혼할 의향이 없는 1인 가구의 비중은 여성이 더 높다.
ㄷ. 2020년에서는 40대 남성이 남성 중 제일 높은 1인 가구 비중을 차지한다.
ㄹ. 2년 이내 1인 생활을 종료하는 1인 가구의 비중은 2018년부터 꾸준히 증가하였다.

① ㄱ

② ㄴ

③ ㄱ, ㄴ

④ ㄴ, ㄷ

⑤ ㄷ, ㄹ

19 다음 제시문을 읽고 일치하는 것을 고르면?

개인의 소득을 결정하는 데에는 다양한 요인들이 작용한다. 가장 중요한 변수가 어떤 직업일 것이다. 일반적으로 전문직의 경우 고소득이 보장되며 단순노무직의 경우 저소득층의 분포가 많다. 직업의 선택에 영향을 미치는 요인 가운데 가장 중요한 것이 개인의 학력과 능력일 것이다. 그러나 개인의 학력과 능력을 결정하는 배경변수로 무수히 많은 요인들이 작용한다. 그 가운데에서는 개인의 노력이나 선택과 관련된 요인들이 있고 그것과 무관한 환경적 요인들이 있다. 상급학교에 진학하기 위해 얼마나 공부를 열심히 했는가, 어떤 전공을 선택했는가, 직장에서 요구하는 숙련과 지식을 습득하기 위해 얼마나 노력을 했는가 하는 것들이 전자에 해당된다. 반면 부모가 얼마나 자식의 교육을 위해 투자했는가, 어떤 환경에서 성장했는가, 개인의 성이나 연령은 무엇인가 등은 개인의 선택과 무관한 대표적인 환경적 요인일 것이다. 심지어 운(불운)도 개인의 직업과 소득을 결정하는 데 직·간접적으로 작용한다.

환경적 요인에 대한 국가의 개입이 정당화될 수 있는 근거는 그러한 요인들이 개인의 통제를 벗어난 (Beyond One's Control) 요인이라는 것이다. 따라서 개인이 어찌할 수 없는 이유로 발생한 불리함(저소득)에 대해 전적으로 개인에게 책임을 묻는 것은 분배정의론의 관점에서 정당하다고 보기 힘들다. 부모의 학력은 전적으로 개인(자녀)이 선택할 수 없는 변수이다. 그런데 부모의 학력은 부모의 소득과 직결되기 쉽고 따라서 자녀에 대한 교육비지출 등 교육투자의 격차를 발생시키기 쉽다. 동일한 능력을 가졌다고 가정했을 때, 가난한 부모에게서 태어나고 성장한 자녀들은 부유한 부모에게서 태어나서 성장한 사람에 비해 본인의 학력과 직업적 능력을 취득할 기회를 상대적으로 박탈당했다고 볼 수 있다. 그 결과 저소득층 자녀들은 고소득층 자녀에 비해 상대적으로 낮은 소득을 얻을 확률이 높다. 이러한 현상이 극단적으로 심화된다면 이른바 빈부격차의 대물림 현상이 나타날 것이다. 이와 같이 부모의 학력이 자녀 세대의 소득에 영향을 미친다면, 자녀 세대의 입장에서는 본인의 노력과 무관한 요인에 의해 경제적 불이익을 당하는 것이다. 기회의 균등 원칙은 이러한 분배적 부정의를 해소하기 위한 정책적 개입을 정당화한다.

외국의 경우와 비교하여 볼 때, 사회민주주의 국가의 경우에는 이미 현재의 조세 정책으로도 충분히 기회 균등화 효과를 거두고 있음을 확인하였다. 반면 미국, 이탈리아, 스페인 등 영미권이나 남유럽 국가의 경우 우리나라의 경우와 유사하거나 더 심한 기회의 불평등 양상을 보여주었다.

따라서 부모의 학력이 자녀의 소득에 영향을 미치는 효과를 차단하기 위해서는 더욱 적극적인 재정 정책이 필요하다. 세율을 보다 높이고 대신 이전지출의 크기를 늘리는 것이 세율을 낮추고 이전지출을 줄이는 것에 비해 재분배효과가 더욱 있으리라는 것은 자명한 사실이다. 기회균등화의 관점에서 볼 때 우리나라의 재분배 정책은 훨씬 강화되어야 한다는 시사점을 얻을 수 있다.

① 개인의 학력과 능력은 개인의 노력이나 선택에 의해서 결정된다.
② 분배정의론의 관점에서 개인의 선택에 의한 불리함에 대해 개인에게 책임을 묻는 것은 정당하지 않다.
③ 부모의 학력이 자녀의 소득에 영향을 미치는 현상이 심화된다면 빈부격차의 대물림 현상이 나타날 것이다.
④ 사회민주주의 국가의 경우 더 심한 기회의 불평등 양상이 나타나는 것으로 확인된다.
⑤ 이전지출을 줄이는 것은 세율을 낮추는 것보다 재분배효과가 더욱 클 것으로 전망된다.

※ 다음 자동차 수출 자료를 보고, 이어지는 질문에 답하시오. [20~21]

〈자동차 수출액〉

(단위 : 백만 달러)

| 구분 | 2019년 | | 2020년 | | |
	3분기	4분기	1분기	2분기	3분기
A사	342	452	163	263	234
B사	213	312	153	121	153
C사	202	153	322	261	312
D사	351	264	253	273	312
E사	92	134	262	317	324

〈자동차 수출 대수〉

(단위 : 백 개)

| 구분 | 2019년 | | 2020년 | | |
	3분기	4분기	1분기	2분기	3분기
A사	551	954	532	754	642
B사	935	845	904	912	845
C사	253	242	153	125	164
D사	921	955	963	964	954
E사	2,462	1,816	2,201	2,365	2,707

20 다음 〈보기〉에서 옳지 않은 것은 모두 몇 개인가?(단, 각 회사별 한 종류의 차만 판매하였다)

─〈보기〉─

ㄱ. 2019년 3분기 전체 자동차 수출액은 2020년 3분기 전체 자동차 수출액보다 적다.

ㄴ. 2020년 1분기에 가장 고가의 차를 수출한 회사는 A사이다.

ㄷ. C사의 자동차 수출 대수는 2019년 3분기 이후 계속 감소하였다.

ㄹ. E사의 자동차 수출액은 2019년 3분기 이후 계속 증가하였다.

① 0개
② 1개
③ 2개
④ 3개
⑤ 4개

21 다음은 자동차 수출 자료를 토대로 만든 표일 때, ㉠+㉡+㉢의 값을 구하면?(단, 2020년 4분기 자동차 수출 대수는 2분기 자동차 수출 대수와 같으며, 2019년 1분기와 2분기의 자동차 수출액 합은 2019년 3분기와 4분기의 합과 같다)

〈자료〉

(전체 수출액 단위 : 백만 달러, 전체 수출 대수: 백 개)

구분	2019년		2020년		
	3분기	4분기	1분기	2분기	3분기
전체 수출액					
전체 수출 대수			㉠		

구분		A사	B사	C사	D사	E사
2019년	전체 수출액	㉡				
	전체 수출 대수					
2020년	전체 수출액					
	전체 수출 대수					㉢

① 13,312

② 15,979

③ 16,197

④ 17,253

⑤ 20,541

※ 다음은 원탁 테이블 3개가 있는 어느 카페의 하루 방문자 현황이다. 다음 자료를 읽고 이어지는 질문에 답하시오. [22~23]

- 카페에서 보유한 원탁에 대한 정보는 다음과 같으며, 카페는 각 원탁을 1개씩 보유하고 있다.
  - 2인용 원탁 : 1~2인만 앉을 수 있음
  - 4인용 원탁 : 1~4인만 앉을 수 있음
  - 6인용 원탁 : 3~6인만 앉을 수 있음
- 방문한 인원수에 맞추어 원탁을 배정하며 가능한 작은 원탁을 우선 배정한다.
- 함께 온 일행은 같이 앉을 수 있는 자리가 없다면 입장할 수 없다.
- 함께 온 일행들은 함께 앉을 수 있으면 같은 원탁에 앉고, 항상 함께 온 일행과 함께 나간다.
- 한 번 들어온 손님은 반드시 1시간 동안 머문 후 나간다.
- 카페 영업시간은 오전 9시부터 오후 10시까지이다.
- 각 시각별로 새로운 고객 입장 및 새로운 고객 입장 전 기존 고객에 대한 정보는 다음과 같다. 이 외에 새로운 고객은 없다.

시간	새로운 고객	기존 고객	시간	새로운 고객	기존 고객
09:20	2	0	15:10	5	
10:10	1		16:45	2	
12:40	3		17:50	5	
13:30	5		18:40	6	
14:20	4		19:50	1	

※ 새로운 고객은 같이 온 일행이다.

22 다음 중 오후 3시 15분에 카페에 앉아 있는 손님은 총 몇 명인가?

① 1명
② 4명
③ 5명
④ 7명
⑤ 9명

23 다음 〈보기〉의 설명 중 옳지 않은 것을 모두 고르면?

─〈보기〉─
ㄱ. 오후 6시 정각에 카페에 있는 손님은 5명이다.
ㄴ. 카페를 방문한 손님 중 돌아간 일행은 없다.
ㄷ. 오전에는 총 3명의 손님이 방문하였다.
ㄹ. 오후 2시 정각에는 2인용 원탁에 손님이 앉아 있었다.

① ㄱ, ㄴ
② ㄱ, ㄷ
③ ㄴ, ㄷ
④ ㄴ, ㄹ
⑤ ㄷ, ㄹ

24 A씨의 부서는 총 7명이며 회사 차를 타고 미팅 장소로 이동하려고 한다. 운전석에는 운전면허증을 가진 사람이 앉고, 한 대의 차량으로 모두 이동한다. 다음 〈조건〉에 따라 회사 차에 앉을 때 A씨가 부장님의 옆자리에 앉지 않을 확률은?

┌─────────────────── 〈조건〉 ───────────────────┐
• 운전면허증을 가지고 있는 사람은 A씨를 포함하여 3명이다.
• A씨 부서의 부장님은 1명이다.
• 부장님은 운전면허증을 가지고 있지 않으며 조수석인 ★ 자리에 앉지 않는다.

〈회사 차 좌석〉

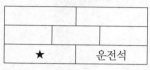

└──┘

① 0.3   ② 0.45
③ 0.5   ④ 0.7
⑤ 0.84

25 A사진사는 다음과 〈조건〉과 같이 사진을 인화하여 고객에게 배송하려고 한다. 5×7 사이즈 사진은 최대 몇 장을 인화할 수 있는가?

┌─────────────────── 〈조건〉 ───────────────────┐
• 1장 인화하는 가격은 4×6 사이즈는 150원, 5×7 사이즈는 300원, 8×10 사이즈는 1,000원이다.
• 사진을 인화하는 데 든 총비용은 21,000원이며, 배송비는 무료이다.
• 각 사진 사이즈는 적어도 1개 이상 인화하였다.
└──┘

① 36장   ② 42장
③ 48장   ④ 59장
⑤ 61장

2021년 코레일 기출복원 모의고사

26 다음 중 거가대교 건설에 사용된 공법으로 옳은 것은?

① NATM 공법
② TBM 공법
③ 실드 공법
④ 케이슨 공법
⑤ 침매 공법

27 다음 중 바닥판과 보의 바닥, 슬래브 밑면 거푸집 설계 시 고려해야 할 하중으로 옳은 것은?

① 작업하중, 충격하중
② 고정하중, 측압
③ 작업하중, 측압
④ 충격하중, 풍하중
⑤ 작업하중, 풍하중

28 다음 중 보일링(Boiling) 현상에 대한 설명으로 옳지 않은 것은?

① 흙막이벽을 깊게 설치하여 방지한다.
② 점착력이 강한 모래에서 주로 발생한다.
③ 벽체 전체에 미치는 저항과 벽체 하단의 지지력이 없어진다.
④ 배수 시설을 설치하여 주변 수위를 낮춘다.
⑤ 모래지반을 굴착할 때 굴착 바닥면으로 뒷면의 모래가 솟아오르는 현상이다.

29 정사각형 단면에 인장하중 P가 작용할 때 가로 단면과 45°의 각을 이루는 경사면에 생기는 수직응력 σ_n 과 전단응력 τ 사이에는 다음 중 어느 관계가 성립되는가?

① $\sigma_n = \dfrac{\tau}{2}$
② $\sigma_n = \dfrac{\tau}{4}$
③ $\sigma_n = \tau$
④ $\sigma_n = 2\tau$
⑤ $\sigma_n = 4\tau$

30 다음은 아파트 평면 형식에 따른 분류를 나타낸 자료이다. 빈칸에 들어갈 용어가 바르게 연결된 것은?

- _____㉠_____ : 건물 중앙에 엘리베이터와 계단을 배치하고, 그 주위에 많은 단위 주거를 집중하여 배치하는 형식이다.
- _____㉡_____ : 건물의 중앙에 있는 복도 양측으로 단위 주거가 배치된 형식이다.
- _____㉢_____ : 건물의 한 쪽 긴 복도에서 단위 주거에 들어가는 형식이다.
- _____㉣_____ : 계단실 또는 엘리베이터 홀에서 직접 단위 주거에 들어가는 형식이다.

	㉠	㉡	㉢	㉣
①	계단실형	중복도형	편복도형	집중형
②	집중형	중복도형	계단실형	편복도형
③	집중형	편복도형	중복도형	계단실형
④	집중형	중복도형	편복도형	계단실형
⑤	중복도형	집중형	편복도형	계단실형

31 다음 그림과 같은 막대를 평형이 되도록 한다면, A점에 필요한 무게는?

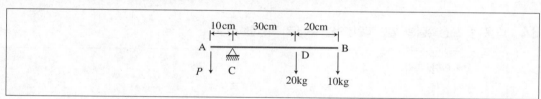

① 130kg
② 110kg
③ 100kg
④ 90kg
⑤ 80kg

32 폭이 20cm, 높이 30cm인 직사각형 단면의 단순보에서 최대 휨모멘트가 2t·m일 때 처짐곡선의 곡률반지름의 크기는?(단, $E = 100,000$kg/cm² 이다)

① 4,500m
② 450m
③ 2,250m
④ 225m
⑤ 22.5m

2021년 코레일 기출복원 모의고사

33 다음 그림에서 AB부재와 BC부재의 내력은?

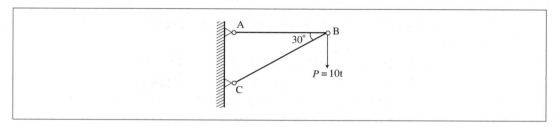

① AB부재 – 인장 $10\sqrt{3}$ t
  BC부재 – 압축 20t
② AB부재 – 인장 10t
  BC부재 – 압축 10t
③ AB부재 – 인장 20t
  BC부재 – 압축 20t
④ AB부재 – 인장 $10\sqrt{3}$ t
  BC부재 – 압축 $10\sqrt{3}$ t
⑤ AB부재 – 인장 $10\sqrt{3}$ t
  BC부재 – 압축 10t

34 다음 중 노선측량의 일반적인 작업 순서로 적절한 것은?

ㄱ. 종·횡단 측량	ㄴ. 중심선 측량
ㄷ. 공사 측량	ㄹ. 답사

① ㄱ-ㄴ-ㄹ-ㄷ ② ㄹ-ㄴ-ㄱ-ㄷ
③ ㄹ-ㄷ-ㄱ-ㄴ ④ ㄱ-ㄷ-ㄹ-ㄴ
⑤ ㄷ-ㄱ-ㄹ-ㄴ

35 다음 중 완화곡선에 대한 설명으로 옳지 않은 것은?

① 모든 클로소이드(Clothoid)는 닮음꼴이며, 클로소이드 요소는 길이의 단위를 가진 것과 단위가 없는 것이 있다.
② 완화곡선의 접선은 시점에서 원호에, 종점에서 직선에 접한다.
③ 완화곡선의 반지름은 그 시점에서 무한대, 종점에서는 원곡선의 반지름과 같다.
④ 완화곡선에 연한 곡선반지름의 감소율은 캔트(Cant)의 증가율과 같다.
⑤ 완화곡선이 직선과 접속되는 경우 완화곡선 시점의 곡선반지름은 무한대이다.

36 축척 1 : 600인 지도상의 면적을 축척 1 : 500으로 계산하여 38.675m^2을 얻었다면, 실제 면적으로 적절한 것은?

① 26.858m^2
② 32.229m^2
③ 46.410m^2
④ 55.692m^2
⑤ 61.346m^2

37 다음 중 기지의 삼각점을 이용하여 새로운 도근점들을 매설하고자 할 때, 결합 트래버스측량(다각측량)의 순서로 적절한 것은?

① 도상계획 → 답사 및 선점 → 조표 → 거리 관측 → 각 관측 → 거리 및 각의 오차 배분 → 좌표계산 및 측점 전개

② 도상계획 → 조표 → 답사 및 선점 → 각 관측 → 거리 관측 → 거리 및 각의 오차 배분 → 좌표계산 및 측점 전개

③ 답사 및 선점 → 도상계획 → 조표 → 각 관측 → 거리 관측 → 거리 및 각의 오차 배분 → 좌표계산 및 측점 전개

④ 답사 및 선점 → 조표 → 도상계획 → 거리 관측 → 각 관측 → 좌표계산 및 측점 전개 → 거리 및 각의 오차 배분

⑤ 거리 관측 → 각 관측 → 거리 및 각의 오차 배분 → 도상계획 → 답사 및 선점 → 조표 → 좌표계산 및 측점 전개

38 레벨을 이용하여 표고가 53.85m인 A점에 세운 표척을 시준하여 1.34m를 얻었다. 표고 50m의 등고선을 측정하려 할 때, 시준해야 할 표척의 높이는?

① 3.51m
② 4.11m
③ 5.19m
④ 6.25m
⑤ 7.33m

39 직사각형의 가로, 세로의 길이가 다음과 같다. 이때, 면적 A의 표현으로 가장 적절한 것은?

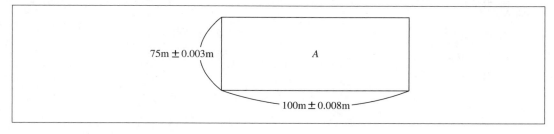

① $7,500 \pm 0.67 \text{m}^2$ ② $7,500 \pm 0.41 \text{m}^2$

③ $7,500 \pm 0.25 \text{m}^2$ ④ $8,000 \pm 0.41 \text{m}^2$

⑤ $8,000 \pm 0.25 \text{m}^2$

40 다음 중 철근과 콘크리트가 성립하는 이유에 대한 설명으로 옳지 않은 것은?

① 철근과 콘크리트와의 부착력이 크다.
② 콘크리트 속에 묻힌 철근은 녹슬지 않고, 내구성을 갖는다.
③ 철근과 콘크리트의 무게가 거의 같고, 내구성이 같다.
④ 철근과 콘크리트는 열에 대한 팽창계수가 거의 같다.
⑤ 철근은 인장에 강하고, 콘크리트는 압축에 강하다.

41 다음 중 서로 다른 크기의 철근을 압축부에서 겹침이음하는 경우의 이음길이에 대한 설명으로 옳은 것은?

① 이음길이는 크기가 큰 철근의 정착길이와 크기가 작은 철근의 겹침이음길이 중 큰 값 이상이어야 한다.
② 이음길이는 크기가 작은 철근의 정착길이와 크기가 큰 철근의 겹침이음길이 중 작은 값 이상이어야 한다.
③ 이음길이는 크기가 작은 철근의 정착길이와 크기가 큰 겹침이음길이의 평균값 이상이어야 한다.
④ 이음길이는 크기가 큰 철근의 정착길이와 크기가 작은 철근의 겹침이음길이를 합한 값 이상이어야 한다.
⑤ 이음길이는 크기가 큰 철근의 정착길이와 크기가 작은 철근의 겹침이음길의 평균값 이상이어야 한다.

42 다음 중 1방향 슬래브에 대한 설명으로 옳지 않은 것은?

① 1방향 슬래브의 두께는 최소 80mm 이상으로 해야 한다.
② 4변에 의해 지지되는 2방향 슬래브 중에서 단변에 대한 장변의 비가 2배를 넘으면 1방향 슬래브로 해석한다.
③ 슬래브의 정모멘트 철근 및 부모멘트 철근의 중심간격은 위험단면에서는 슬래브 두께의 2배 이하여야 하고, 300mm 이하로 해야 한다.
④ 슬래브의 정모멘트 철근 및 부모멘트 철근의 중심간격은 위험단면을 제외한 단면에서는 슬래브 두께의 3배 이하여야 하고, 450mm 이하로 해야 한다.
⑤ 1방향 슬래브에서는 정모멘트철근 및 부모멘트철근에 직각 방향으로 수축, 온도철근을 배치해야 한다.

43 단선구간에서 역간 총 실운전시분이 320분, 설정 열차횟수가 80회, 선로이용률이 40%, 열차 취급시분이 2분일 때 선로용량은?

① 46회   ② 64회
③ 88회   ④ 96회
⑤ 104회

44 다음 중 나선철근으로 둘러싸인 압축부재의 축방향 주철근의 최소 개수는?

① 3개   ② 4개
③ 5개   ④ 6개
⑤ 8개

45 노건조한 흙 시료의 부피가 1,000cm^3, 무게가 1,700g, 비중이 2.65일 때, 간극비는 얼마인가?

① 약 0.81   ② 약 0.73
③ 약 0.65   ④ 약 0.55
⑤ 약 0.42

46 다음 중 부마찰력이 발생할 수 있는 경우가 아닌 것은?

① 매립된 생활쓰레기 중에 시공된 관측정
② 붕적토에 시공된 말뚝 기초
③ 성토한 연약점토지반에 시공된 말뚝 기초
④ 배수로 인한 지하수위의 저하
⑤ 다짐된 사질지반에 시공된 말뚝 기초

47 다음 중 깊은 기초의 지지력 평가에 관한 설명으로 옳지 않은 것은?

① 현장 타설 콘크리트 말뚝 기초는 동역학적 방법으로 지지력을 추정한다.
② 말뚝 항타분석기(PDA)는 말뚝의 응력분포, 경시효과 및 해머 효율을 파악할 수 있다.
③ 정역학적 지지력 추정방법은 논리적으로 타당하나 강도정수를 추정하는 데 한계성을 내포하고 있다.
④ 동역학적 방법은 항타장비, 말뚝과 지반조건이 고려된 방법으로 해머 효율의 측정이 필요하다.
⑤ 지하연속벽 공법은 다른 흙막이벽에 비해 차수효과가 높고, 주변지반에 대한 영향이 적다.

2021년 코레일 기출복원 모의고사

48 다음 중 투수계수를 좌우하는 요인이 아닌 것은?

① 토립자의 비중
② 토립자의 크기
③ 포화도
④ 간극의 형상과 배열
⑤ 유체의 점성

49 $b = 200mm$이고, $h = 200mm$인 사각형 단면에 균열을 일으키는 비틀림 모멘트 T_{cr}은?(단, $f_{ck} = 36Mpa$이다)

① 2.89kN·m
② 3.96kN·m
③ 4.12kN·m
④ 4.81kN·m
⑤ 5.29kN·m

50 다음 그림과 같은 구조물에서 P_1으로 인한 B점의 처짐 δ_1과 P_2로 인한 B점의 처짐 δ_2가 있다. P_1이 작용한 후 P_2가 작용할 때 P_1이 하는 일은?

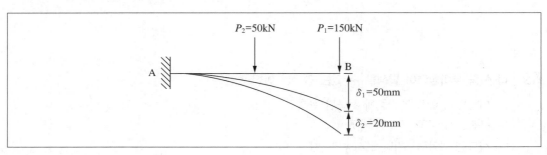

① 6,500kN·mm
② 6,750kN·mm
③ 7,000kN·mm
④ 7,250kN·mm
⑤ 8,150kN·mm

제1회
코레일 한국철도공사
토목직

NCS 직업기초능력평가 +
직무수행능력평가

www.sdedu.co.kr

〈문항 및 시험시간〉

평가영역	문항 수	시험시간	모바일 OMR 답안분석
의사소통능력+수리능력+문제해결능력+토목일반	50문항	60분	

제1회 모의고사

문 항 수 : 50문항
시험시간 : 60분

| 01 | 직업기초능력평가

※ 다음 기사를 읽고 이어지는 질문에 답하시오. [1~2]

(가) 개별 서비스를 살펴보면, 112센터 긴급영상 지원은 납치·강도·폭행 등 112센터에 신고 접수 시 도시통합 운영센터에서 해당 위치의 CCTV영상을 현장 경찰관에게 실시간 제공하여 현장 대응을 지원하는 서비스이다. 112센터 긴급출동 지원은 도시통합운영센터에서 경찰관에게 현장 사진 및 범인 도주경로 등에 대한 정보를 제공하여 현장 도착 전 사전 정보 취득 및 신속한 현장 조치를 가능케 하는 서비스이며, 119센터 긴급출동 지원은 화재·구조·구급 등 상황발생 시, 소방관들이 현장에 대한 실시간 영상, 소방차량 진입 관련 교통정보 등을 제공받아 골든타임 확보를 가능케 하는 서비스이다.

(나) 특히 오산시는 안전 마을 가꾸기, 안전한 어린이 등하굣길 조성 등 시민안전 제고를 위한 다양한 정책을 추진 중이며, 이번 '5대 안전서비스 제공을 통한 스마트 도시 시민안전망 구축'으로 시민이 마음 놓고 살 수 있는 안전한 도시 조성에 앞장서고 있다. K공사가 오산시에 구축예정인 시민안전망 서비스는 112센터 긴급영상 지원, 112센터 긴급출동 지원, 119센터 긴급출동 지원, 사회적 약자 지원 및 재난안전상황 긴급대응 지원 총 5가지 서비스로 구성된다.

(다) K공사는 지난해 7월 20일 국토부 주관으로 국토부 및 지자체 등 6개 기관과 사회적 약자의 긴급 구호를 위해 필요한 정보시스템 구축에 대해 상호 협력을 위한 업무협약을 체결했다. 업무협약의 후속조치로 작년 11월 오산시, 화성동부경찰서, 오산소방서 및 SK텔레콤(주)와 별도의 업무협약을 체결하여 시민안전망 도입을 추진해왔다.

(라) K공사는 오산세교2지구 스마트 도시 정보통신 인프라 구축 설계용역을 통해 5대 안전서비스 시민안전망 구축을 위한 설계를 완료하고 스마트 도시 통합플랫폼 입찰을 시행하고 있다. 시민 안전망 구축을 통해 도시통합운영센터 및 유관기관에 스마트 도시 통합플랫폼 등 관련 인프라를 설치하고, 오산시, 112, 119 등 유관기관과의 연계를 통해 시민안전망 서비스 인프라 기반을 마련할 예정이다. K공사 스마트 도시 개발처장은 "이번 시행하는 5대 안전서비스는 개별적으로 운영되던 기존 안전체계의 문제점을 ㉠ 한 체계적인 시민안전망 구축으로 국민의 생명과 재산보호를 위한 골든타임 확보가 가능하다."며, "시범사업 결과분석 및 피드백을 통한 제도 개선, 지자체와의 상호협의를 통해 향후 K공사가 추진하는 스마트 도시를 대상으로 5대 안전서비스 시민안전망 구축을 계속 확대하겠다."고 말했다.

(마) 사회적 약자 지원은 아동·여성·치매환자 등 위급상황 발생 시, 도시통합운영센터에서 통신사로부터 위치 정보 등을 제공받아 해당 현장 주변 CCTV영상을 경찰서·소방서에 제공하여 대응케 하는 서비스이며, 재난안전상황 긴급대응 지원은 국가 대형 재난·재해 발생 시 도시통합운영센터에서 재난상황실에 실시간 현장 CCTV영상 등을 제공하여 신속한 상황파악, 상황 전파 및 피해복구에 대응하는 서비스이다.

01 다음 중 (가)~(마)를 논리적 순서에 맞게 나열한 것은?

① (다) – (나) – (마) – (라) – (가)　　② (다) – (나) – (가) – (마) – (라)

③ (나) – (다) – (가) – (마) – (라)　　④ (나) – (라) – (가) – (다) – (마)

⑤ (가) – (마) – (라) – (다) – (나)

02 다음 중 ㉠에 들어갈 단어로 가장 적절한 것은?

① 보안　　　　　　　　② 보존

③ 보완　　　　　　　　④ 보전

⑤ 보충

03 다음은 문서의 기능에 대한 설명이다. 다음 중 ㉠~㉢에 들어갈 말이 바르게 연결된 것은?

> 1) 문서는 사람의 의사를 ___㉠___ 적으로 표현하는 기능을 갖는다. 사람이 가지고 있는 주관적인 의사는 문자·숫자·기호 등을 활용하여 종이나 다른 매체에 표시하여 문서화함으로써 그 내용이 ___㉠___ 화된다.
>
> 2) 문서는 자신의 의사를 타인에게 ___㉡___ 하는 기능을 갖는다. 문서에 의한 의사 ___㉡___ 은 전화나 구두로 ___㉡___ 하는 것보다 좀 더 정확하고 변함없는 내용을 ___㉡___ 할 수 있다.
>
> 3) 문서는 의사를 오랫동안 ___㉢___ 하는 기능을 갖는다. 문서로써 ___㉡___ 된 의사는 지속적으로 ___㉢___ 할 수 있고 역사자료로서 가치를 갖기도 한다.

	㉠	㉡	㉢
①	상징	교환	정리
②	상징	전달	정리
③	상징	전달	보존
④	구체	전달	보존
⑤	구체	교환	보존

안심Touch

04 신영이는 제주도로 여행을 갔다. 호텔에서 공원까지의 거리는 지도상에서 10cm이고, 지도의 축척은 1 : 50,000이다. 신영이가 30km/h의 속력으로 자전거를 타고 갈 때, 호텔에서 출발하여 공원에 도착하는 데 걸리는 시간은 얼마인가?

① 10분

② 15분

③ 20분

④ 25분

⑤ 30분

05 M고등학교 2학년과 3학년 학생 수의 합이 350명이다. 2학년이 아닌 학생 수가 250명이고, 3학년이 아닌 학생 수가 260명이다. 이때, 1학년 학생은 총 몇 명인가?

① 80명

② 90명

③ 100명

④ 110명

⑤ 120명

06 다음은 2016 ~ 2020년 4종목의 스포츠 경기에 대한 경기 수를 나타낸 자료이다. 다음 중 자료에 대한 설명으로 옳지 않은 내용은?

〈국내 연도별 스포츠 경기 수〉

(단위 : 회)

구분	2016년	2017년	2018년	2019년	2020년
농구	413	403	403	403	410
야구	432	442	425	433	432
배구	226	226	227	230	230
축구	228	230	231	233	233

① 농구의 경기 수는 2017년 전년 대비 감소율이 2020년 전년 대비 증가율보다 높다.

② 2016년 농구와 배구 경기 수 차이는 야구와 축구 경기 수 차이의 90% 이상이다.

③ 2016년부터 2020년까지 야구 평균 경기 수는 축구 평균 경기 수의 2배 이하이다.

④ 2017년부터 2019년까지 경기 수가 증가하는 스포츠는 1종목이다.

⑤ 2020년 경기 수가 5년 동안의 각 종목별 평균 경기 수보다 적은 스포츠는 1종목이다.

07 다음은 중국에 진출한 프렌차이즈 커피전문점에 대해 SWOT 분석을 한 것이다. (가) ~ (라)에 들어갈 전략을 올바르게 나열한 것은?

강점(Strength)	약점(Weakness)
• 풍부한 원두커피의 맛 • 독특한 인테리어 • 브랜드 파워 • 높은 고객 충성도	• 낮은 중국 내 인지도 • 높은 시설비 • 비싼 임대료
기회(Opportunity)	위협(Threat)
• 중국 경제 급성장 • 서구문화에 대한 관심 • 외국인 집중 • 경쟁업체 진출 미비	• 중국의 차 문화 • 유명 상표 위조 • 커피 구매 인구의 감소

(가)	(나)
• 브랜드가 가진 미국 고유문화 고수 • 독특하고 차별화된 인테리어 유지 • 공격적 점포 확장	• 외국인 많은 곳에 점포 개설 • 본사 직영으로 인테리어
(다)	(라)
• 고품질 커피로 상위 소수고객에 집중	• 녹차 향 커피 • 개발 상표 도용 감시

	(가)	(나)	(다)	(라)
①	SO전략	ST전략	WO전략	WT전략
②	WT전략	ST전략	WO전략	SO전략
③	SO전략	WO전략	ST전략	WT전략
④	ST전략	WO전략	ST전략	WT전략
⑤	WT전략	WO전략	ST전략	SO전략

안심Touch

온갖 사물이 뒤섞여 등장하는 사진들에서 고양이를 틀림없이 알아보는 인공지능이 있다고 해 보자. 그러한 식별 능력은 고양이 개념을 이해하는 능력과 어떤 관계가 있을까? 고양이를 실수 없이 가려내는 능력이 고양이 개념을 이해하는 능력의 필요충분조건이라고 할 수 있을까?

먼저, 인공지능이든 사람이든 고양이 개념에 대해 이해하면서도 영상 속의 짐승이나 사물이 고양이인지 정확히 판단하지 못하는 경우는 있을 수 있다. 예를 들어, 누군가가 전형적인 고양이와 거리가 먼 희귀한 외양의 고양이를 보고 "좀 이상하게 생긴 족제비로군요."라고 말했다고 해 보자. 이것은 틀린 판단이지만, 그렇다고 그가 고양이 개념을 이해하지 못하고 있다고 평가하는 것은 부적절한 일일 것이다.

이번에는 다른 예로 누군가가 영상자료에서 가을에 해당하는 장면들을 실수 없이 가려낸다고 해 보자. 그는 가을 개념을 이해하고 있다고 보아야 할까? 그 장면들을 실수 없이 가려낸다고 해도 그가 가을이 적잖은 사람들을 왠지 쓸쓸하게 하는 계절이라든가, 농경문화의 전통에서 수확의 결실이 있는 계절이라는 것, 혹은 가을이 지구 자전축의 기울기와 유관하다는 것 등을 반드시 알고 있는 것은 아니다. 심지어 가을이 지구의 1년을 넷으로 나눈 시간 중 하나를 가리킨다는 사실을 모르고 있을 수도 있다. 만일 가을이 여름과 겨울 사이에 오는 계절이라는 사실조차 모르는 사람이 있다면 우리는 그가 가을 개념을 이해하고 있다고 인정할 수 있을까? 그것은 불합리한 일일 것이다.

가을이든 고양이든 인공지능이 그런 개념들을 충분히 이해하는 것은 영원히 불가능하다고 단언할 이유는 없다. 하지만 우리가 여기서 확인한 점은 개념의 사례를 식별하는 능력이 개념을 이해하는 능력을 함축하는 것은 아니고, 그 역도 마찬가지라는 것이다.

① 인간 개념과 관련된 모든 지식을 가진 사람은 아무도 없겠지만 우리는 대개 인간과 인간 아닌 존재를 어렵지 않게 구별할 줄 안다.

② 어느 정도의 훈련을 받은 사람은 병아리의 암수를 정확히 감별하지만 그렇다고 암컷과 수컷 개념을 이해하고 있다고 볼 이유는 없다.

③ 자율주행 자동차에 탑재된 인공지능이 인간 개념을 이해하고 있지 않다면 동물 복장을 하고 횡단보도를 건너는 인간 보행자를 인간으로 식별하지 못한다.

④ 정육면체 개념을 이해할 리가 없는 침팬지도 다양한 형태의 크고 작은 상자들 가운데 정육면체 모양의 상자에만 숨겨둔 과자를 족집게같이 찾아낸다.

⑤ 10월 어느 날 남반구에서 북반구로 여행을 간 사람이 그곳의 계절을 봄으로 오인한다고 해서 그가 봄과 가을의 개념을 잘못 이해하고 있다고 할 수는 없다.

09 다음 글의 내용이 참일 때, 반드시 참인 것만을 〈보기〉에서 모두 고르면?

> A부서에서는 새로운 프로젝트를 진행할 예정이다. 이 부서에는 남자 직원 가훈, 나훈, 다훈, 라훈 4명과 여자 직원 모연, 보연, 소연 3명이 소속되어 있다. 아래의 조건을 지키면서 이들 가운데 4명을 뽑아 전담 팀을 꾸리고자 한다.
> • 남자 직원 가운데 적어도 한 사람은 뽑아야 한다.
> • 여자 직원 가운데 적어도 한 사람은 뽑지 말아야 한다.
> • 가훈, 나훈 중 적어도 한 사람을 뽑으면, 라훈과 소연도 뽑아야 한다.
> • 다훈을 뽑으면, 모연과 보연은 뽑지 말아야 한다.
> • 소연을 뽑으면, 모연도 뽑아야 한다.

〈보기〉
ㄱ. 남녀 동수로 팀이 구성된다.
ㄴ. 다훈과 보연 둘 다 팀에 포함되지 않는다.
ㄷ. 라훈과 모연 둘 다 팀에 포함된다.

① ㄱ
② ㄷ
③ ㄱ, ㄴ
④ ㄴ, ㄷ
⑤ ㄱ, ㄴ, ㄷ

10 김 과장은 건강상의 이유로 간헐적 단식을 시작하기로 했다. 김 과장이 선택한 간헐적 단식 방법은 월요일부터 일요일까지 일주일 중에 2일을 선택하여 아침 혹은 저녁 한 끼 식사만 하는 것이다. 김 과장이 단식을 시작한 1주 차 월요일부터 일요일 중 한 끼만 먹은 요일과 식사를 한 때로 옳은 것은?

> • 단식을 하는 날 전후로 각각 최소 2일간은 세 끼 식사를 한다.
> • 단식을 하는 날 이외에는 항상 세 끼 식사를 한다.
> • 2주 차 월요일에는 단식을 했다.
> • 1주 차에 먹은 아침식사 횟수와 저녁식사 횟수가 같다.
> • 1주 차 월요일, 수요일, 금요일은 조찬회의에 참석하여 아침식사를 했다.
> • 1주 차 목요일은 업무약속이 있어서 점심식사를 했다.

① 월요일(아침), 목요일(저녁)
② 월요일(저녁), 목요일(아침)
③ 화요일(아침), 금요일(아침)
④ 화요일(저녁), 금요일(아침)
⑤ 화요일(저녁), 토요일(아침)

※ 다음은 2016 ～ 2020년 우리나라의 예산분야별 재정지출 추이를 나타낸 자료이다. 자료를 참고하여 이어지는 질문에 답하시오. [11~12]

〈우리나라의 예산분야별 재정지출 추이〉

(단위 : 조 원, %)

구분	2016년	2017년	2018년	2019년	2020년	연평균 증가율
예산	137.3	147.5	153.7	165.5	182.8	7.4
기금	59.0	61.2	70.4	72.9	74.5	6.0
교육	24.5	27.6	28.8	31.4	35.7	9.9
사회복지 · 보건	32.4	49.6	56.0	61.4	67.5	20.1
R&D	7.1	7.8	8.9	9.8	10.9	11.3
SOC	27.1	18.3	18.4	18.4	18.9	−8.6
농림 · 해양 · 수산	12.3	14.1	15.5	15.9	16.5	7.6
산업 · 중소기업	11.4	11.9	12.4	12.6	12.6	2.5
환경	3.5	3.6	3.8	4.0	4.4	5.9
국방비	18.1	21.1	22.5	24.5	26.7	10.2
통일 · 외교	1.4	2.0	2.6	2.4	2.6	16.7
문화 · 관광	2.3	2.6	2.8	2.9	3.1	7.7
공공질서 · 안전	7.6	9.4	11.0	10.9	11.6	11.2
균형발전	5.1	5.5	6.3	7.2	8.1	12.8
기타	43.5	35.2	35.1	37.0	38.7	−2.9
총 지출	196.3	208.7	224.1	238.4	257.3	7.0

※ (총 지출)=(예산)+(기금)

11 다음 중 자료에 대한 해석으로 옳은 것은?(단, 비율은 소수점 이하 둘째 자리에서 반올림한다)

① 교육 분야의 전년 대비 재정지출 증가율이 가장 높은 해는 2017년이다.

② 전년 대비 재정지출액이 증가하지 않은 해가 있는 분야는 5개이다.

③ 사회복지 · 보건 분야가 예산에서 차지하고 있는 비율은 항상 가장 높다.

④ 기금의 연평균 증가율보다 낮은 연평균 증가율을 보이는 분야는 3개이다.

⑤ 통일 · 외교 분야와 기타 분야의 2016 ～ 2020년 재정지출 증감추이는 동일하다.

12 다음 중 2018년 대비 2019년 사회복지·보건 분야의 재정지출 증감률과 공공질서·안전 분야의 재정지출 증감률 차이는 얼마인가?(단, 소수점 이하 둘째 자리에서 반올림한다)

① 9.4%p

② 10.5%p

③ 11.2%p

④ 12.6%p

⑤ 13.2%p

13 다음 자료는 A레스토랑의 신메뉴인 콥샐러드를 만들기 위해 필요한 재료의 단가와 B지점의 재료 주문 수량이다. B지점의 재료 구입 비용의 총합은 얼마인가?

〈A레스토랑의 콥샐러드 재료 단가〉

재료명	단위	단위당 단가	구입처
올리브 통조림	1캔(3kg)	5,200원	A유통
메추리알	1봉지(1kg)	4,400원	B상사
방울토마토	1Box(5kg)	21,800원	C농산
옥수수 통조림	1캔(3kg)	6,300원	A유통
베이비 채소	1Box(500g)	8,000원	C농산

〈B지점의 재료 주문 수량〉

재료명	올리브 통조림	메추리알	방울토마토	옥수수 통조림	베이비 채소
주문량	15kg	7kg	25kg	18kg	4kg

① 264,600원

② 265,600원

③ 266,600원

④ 267,600원

⑤ 268,600원

14 다음은 대화 과정에서 지켜야 할 협력의 원리에 대한 설명이다. 다음을 참고할 때, 〈보기〉의 사례에 대한 설명으로 옳은 것은?

> 협력의 원리란 대화 참여자가 대화의 목적에 최대한 기여할 수 있도록 서로 협력해야 한다는 것으로, 듣는 사람이 요구하지 않은 정보를 불필요하게 많이 제공하거나 대화의 목적이나 주제에 맞지 않는 내용을 말하는 것은 바람직하지 않다. 협력의 원리를 지키기 위해서는 다음과 같은 사항을 고려해야 한다.
> • 양의 격률 : 필요한 만큼만 정보를 제공해야 한다.
> • 질의 격률 : 타당한 근거를 들어 진실한 정보를 제공해야 한다.
> • 관련성의 격률 : 대화의 목적이나 주제와 관련된 것을 말해야 한다.
> • 태도의 격률 : 모호하거나 중의적인 표현을 피하고, 간결하고 조리 있게 말해야 한다.

〈보기〉

A사원 : 오늘 점심은 어디로 갈까요?
B대리 : 아무거나 먹읍시다. 오전에 간식을 먹었더니 배가 별로 고프진 않은데, 아무 데나 괜찮습니다.

① B대리는 불필요한 정보를 제공하고 있으므로 양의 격률을 지키지 않았다.
② B대리는 거짓된 정보를 제공하고 있으므로 질의 격률을 지키지 않았다.
③ B대리는 질문에 적합하지 않은 대답을 하고 있으므로 관련성의 격률을 지키지 않았다.
④ B대리는 대답을 명료하게 하지 않고 있으므로 태도의 격률을 지키지 않았다.
⑤ A대리와 B대리는 서로 협력하여 의미 전달을 하고 있으므로 협력의 원리를 따르고 있다.

15 다음 중 밑줄 친 단어의 관계가 다른 하나는?

① ㉠ : K회사의 신규 TV 광고가 전파를 탔다.
　㉡ : 얼마 전 방문했던 식당이 방송을 탔다.
② ㉠ : 나는 오랫동안 길러 왔던 머리를 잘랐다.
　㉡ : 우리는 그 문제를 해결하기 위해 열심히 머리를 돌렸다.
③ ㉠ : 원고 마감일이 다가오자 그는 며칠 밤을 꼬박 새워 글을 썼다.
　㉡ : 가뭄으로 물을 끌어다 붓는 등 갖은 애를 쓰느라 농사의 생산비가 크게 증가했다.
④ ㉠ : 그는 그녀의 손에 반지를 끼워주며 청혼했다.
　㉡ : 나는 부모님이 일찍 돌아가셔서 할머니의 손에서 자랐다.
⑤ ㉠ : 세탁을 잘못하여 새로 산 옷에 파란 물이 들었다.
　㉡ : 올해에는 풍년이 들어 농민들의 걱정이 줄었다.

16 어느 기업에서 3명의 지원자(종현, 유호, 은진)에게 5명의 면접위원(A, B, C, D, E)이 평가점수와 순위를 부여하였다. 비율점수법과 순위점수법을 적용한 결과가 다음 자료와 같을 때, 이에 대한 설명으로 옳은 것은?

〈표 1〉 비율점수법 적용 결과

(단위 : 점)

면접위원 지원자	A	B	C	D	E	전체합	중앙 3합
종현	7	8	6	6	1	28	19
유호	9	7	6	3	8	( )	( )
은진	5	8	7	2	6	( )	( )

※ 중앙 3합은 5명의 면접위원이 부여한 점수 중 최곳값과 최젓값을 제외한 3명의 점수를 합한 값임

〈표 2〉 순위점수법 적용 결과

(단위 : 순위, 점)

면접위원 지원자	A	B	C	D	E	순위점수합
종현	2	1	2	1	3	11
유호	1	3	3	2	1	( )
은진	3	2	1	3	2	( )

※ 순위점수는 1순위에 3점, 2순위에 2점, 3순위에 1점을 부여함

① 순위점수합이 가장 큰 지원자는 '종현'이다.
② 비율점수법 중 중앙 3합이 가장 큰 지원자는 순위점수합도 가장 크다.
③ 비율점수법 적용 결과에서 평가점수의 전체합과 중앙 3합이 큰 값부터 등수를 정하면 지원자의 등수는 각각 같다.
④ 비율점수법 적용 결과에서 평가점수의 전체합이 가장 큰 지원자는 '은진'이다.
⑤ 비율점수법 적용 결과에서 중앙 3합이 높은 값부터 등수를 정하면 2등은 '유호'이다.

제1회 모의고사

17 다음 그림은 OECD 국가의 대학졸업자 취업에 대한 자료이다. A ~ L국가 중 전체 대학졸업자 대비 대학
졸업자 중 취업자 비율이 OECD 평균보다 높은 국가로만 바르게 짝지어진 것은?

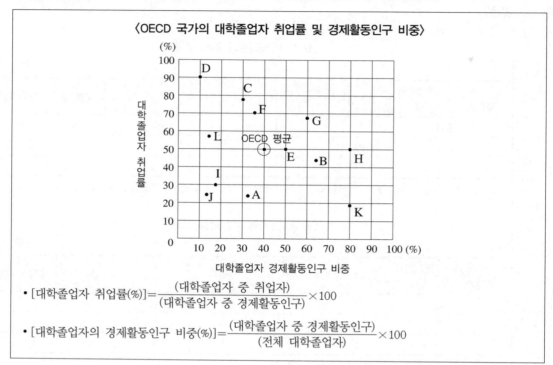

• [대학졸업자 취업률(%)] $= \dfrac{(대학졸업자\ 중\ 취업자)}{(대학졸업자\ 중\ 경제활동인구)} \times 100$

• [대학졸업자의 경제활동인구 비중(%)] $= \dfrac{(대학졸업자\ 중\ 경제활동인구)}{(전체\ 대학졸업자)} \times 100$

① A, D

② B, C

③ D, H

④ G, K

⑤ H, L

※ 다음은 A ~ D사원의 5월 근태 현황 중 일부를 나타낸 것이다. 자료를 보고 이어지는 질문에 답하시오.
[18~19]

<5월 근태 현황>

(단위 : 회)

구분	A사원	B사원	C사원	D사원
지각	1			1
결근				
야근				2
근태 총 점수(점)	0	−4	−2	0

<5월 근태 정보>

• 근태는 지각(−1), 결근(−1), 야근(+1)으로 이루어져 있다.
• A ~ D사원의 근태 총 점수는 각각 0점, −4점, −2점, 0점이다.
• A ~ C사원은 지각, 결근, 야근을 각각 최소 1회, 최대 3회 하였고 각 근태 횟수는 모두 달랐다.
• A사원은 지각을 1회 하였다.
• 근태 중 야근은 A사원이 가장 많이 했다.
• 지각은 B사원이 C사원보다 적게 했다.

18 다음 중 항상 옳은 것은?

① 지각을 제일 많이 한 사람은 C사원이다.
② B사원은 결근을 2회 했다.
③ C사원은 야근을 1회 했다.
④ A사원은 결근을 3회 했다.
⑤ 야근은 가장 적게 한 사람은 A사원이다.

19 다음 중 지각보다 결근을 많이 한 사람은?

① A사원, B사원
② A사원, C사원
③ B사원, C사원
④ B사원, D사원
⑤ C사원, D사원

제1회 모의고사

안심Touch

20 다음은 우편매출액에 대한 자료이다. 자료에 대한 해석 중 올바르지 않은 것은?

〈우편매출액〉

(단위 : 만 원)

구분	2016년	2017년	2018년	2019년	2020년				
					소계	1분기	2분기	3분기	4분기
일반통상	11,373	11,152	10,793	11,107	10,899	2,665	2,581	2,641	3,012
특수통상	5,418	5,766	6,081	6,023	5,946	1,406	1,556	1,461	1,523
소포우편	3,390	3,869	4,254	4,592	5,017	1,283	1,070	1,292	1,372
합계	20,181	20,787	21,128	21,722	21,862	5,354	5,207	5,394	5,907

① 매년 매출액이 가장 높은 분야는 일반통상 분야이다.
② 1년 집계를 기준으로 매년 매출액이 꾸준히 증가하고 있는 분야는 소포우편 분야뿐이다.
③ 2020년 1분기 특수통상 분야의 매출액이 차지하고 있는 비율은 20% 이상이다.
④ 2016년 대비 2020년 소포우편 분야의 매출액 증가율은 70% 이상이다.
⑤ 2019년에는 일반통상 분야의 매출액이 전체의 50% 이상을 차지하고 있다.

21 K공사에서는 매주 수요일 오전에 주간 회의가 열린다. 주거복지기획부, 공유재산관리부, 공유재산개발부, 인재관리부, 노사협력부, 산업경제사업부 중 이번 주 주간 회의에 참여할 부서에 대한 〈조건〉이 다음과 같을 때, 이번 주 주간 회의에 참석할 부서의 최대 수는?

──────〈조건〉──────
• 주거복지기획부는 반드시 참석해야 한다.
• 공유재산관리부가 참석하면 공유재산개발부도 참석한다.
• 인재관리부가 참석하면 노사협력부는 참석하지 않는다.
• 산업경제사업부가 참석하면 주거복지기획부는 참석하지 않는다.
• 노사협력부와 공유재산관리부 중 한 부서만 참석한다.

① 2개   ② 3개
③ 4개   ④ 5개
⑤ 6개

계약서란 계약의 당사자 간의 의사표시에 따른 법률행위인 계약 내용을 문서화한 것으로 당사자 사이의 권리와 의무 등 법률관계를 규율하고 의사표시 내용을 항목별로 구분한 후, 구체적으로 명시하여 어떠한 법률 행위를 어떻게 ㉠하려고 하는지 등의 내용을 특정한 문서이다. 계약서의 작성은 미래에 계약에 관한 분쟁 발생 시 중요한 증빙자료가 된다.

계약서의 종류를 살펴보면, 먼저 임대차계약서는 임대인 소유의 부동산을 임차인에게 임대하고, 임차인은 이에 대한 약정을 합의하는 내용을 담고 있다. 임대차는 당사자의 한쪽이 상대방에게 목적물을 사용·수익하게 할 수 있도록 약정하고, 상대방이 이에 대하여 차임을 지급할 것을 ㉡약정함으로써 그 효력이 생긴다. 부동산 임대차의 경우 목적 부동산의 전세, 월세에 대한 임차보증금 및 월세를 지급할 것을 내용으로 하는 계약이 여기에 해당하며, 임대차계약서는 주택 등 집합건물의 임대차계약을 작성하는 경우에 사용되는 계약서이다. 주택 또는 상가의 임대차계약은 민법에 대한 특례를 규정한 주택임대차보호법 및 상가건물 임대차보호법의 적용을 받으며, 이 법의 적용을 받지 않은 임대차에 관하여는 민법상의 임대차 규정을 적용하고 있다.

다음으로 근로계약서는 근로자가 회사(근로기준법에서는 '사용자'라고 함)의 지시 또는 관리에 따라 일을 하고 이에 대한 ㉢댓가로 회사가 임금을 지급하기로 한 내용의 계약서로 유상·쌍무계약을 말한다. 근로자와 사용자의 근로관계는 서로 동등한 지위에서 자유의사에 의하여 결정한 계약에 의하여 성립한다. 이러한 근로관계의 성립은 구술에 의하여 약정되기도 하지만 통상적으로 근로계약서 작성에 의하여 행해지고 있다.

마지막으로 부동산 매매계약서는 당사자가 계약 목적물을 매매할 것을 합의하고, 매수인이 매도인에게 매매 대금을 지급할 것을 약정함으로 인해 그 효력이 발생한다. 부동산 매매계약서는 부동산을 사고, 팔기 위하여 매도인과 매수인이 약정하는 계약서로 매매대금 및 지급시기, 소유권 이전, 제한권 소멸, 제세공과금, 부동산의 인도, 계약의 해제에 관한 사항 등을 약정하여 교환하는 문서이다. 부동산거래는 상황에 따라 다양한 매매조건이 ㉣수반되기 때문에 획일적인 계약 내용 외에 별도 사항을 기재하는 수가 많으므로 계약서에 서명하기 전에 계약 내용을 잘 확인하여야 한다.

이처럼 계약서는 계약의 권리와 의무의 발생, 변경, 소멸 등을 도모하는 중요한 문서로 계약서를 작성할 때에는 신중하고 냉철하게 판단한 후, 권리자와 의무자의 관계, 목적물이나 권리의 행사방법 등을 명확하게 전달할 수 있도록 육하원칙에 따라 간결하고 명료하게 그리고 정확하고 ㉤평이하게 작성해야 한다.

22 다음 중 글의 내용과 일치하지 않는 것은?

① 계약 체결 이후 관련 분쟁이 발생할 경우 계약서가 중요한 증빙자료가 될 수 있다.
② 주택 또는 상가의 임대차계약은 민법상의 임대차규정의 적용을 받는다.
③ 근로계약을 통해 근로자와 사용자가 동등한 지위의 근로관계를 성립한다.
④ 부동산 매매계약서는 획일적인 계약 내용 외에 별도 사항을 기재하기도 한다.
⑤ 계약서를 작성할 때는 간결·명료하고 정확한 표현을 사용하여야 한다.

23 밑줄 친 ㉠ ~ ㉤ 중 맞춤법이 잘못된 경우는?

① ㉠　　　　　　　　　　② ㉡
③ ㉢　　　　　　　　　　④ ㉣
⑤ ㉤

24 12명의 사람이 모자, 상의, 하의를 착용하는데 모자, 상의, 하의는 빨간색 또는 파란색이다. 12명이 모두 모자, 상의, 하의를 착용했을 때, 다음 〈조건〉과 같은 모습이었다. 이때, 하의만 빨간색인 사람은 몇 명인가?

> ─────────〈조건〉─────────
> • 어떤 사람을 보아도 모자와 하의는 서로 다른 색이다.
> • 같은 색의 상의와 하의를 착용한 사람의 수는 6명이다.
> • 빨간색 모자를 착용한 사람의 수는 5명이다.
> • 모자, 상의, 하의 중 1가지만 빨간색인 사람은 7명이다.

① 1명 　　　　　　　　　　　　② 2명
③ 3명 　　　　　　　　　　　　④ 4명
⑤ 5명

25 다음 글의 대화 내용이 참일 때, 갑수보다 반드시 나이가 적은 사람만을 모두 고르면?

> 갑수, 을수, 병수, 철희, 정희 다섯 사람은 어느 외국어 학습 모임에서 서로 처음 만났다. 이후 모임을 여러 차례 갖게 되었지만 그들의 관계는 형식적인 관계 이상으로는 발전하지 않았다. 이 모임에서 주도적인 역할을 하고 있는 갑수는 서로 더 친하게 지냈으면 좋겠다는 생각에 뒤풀이를 갖자고 제안했다. 갑수의 제안에 모두 동의했다. 그들은 인근 맥줏집을 찾아갔다. 그 자리에서 그들이 제일 먼저 한 일은 서로의 나이를 묻는 것이었다.
> 먼저 갑수가 정희에게 말했다. "정희 씨, 나이가 몇 살이에요?" 정희는 잠시 머뭇거리더니 다음과 같이 말했다. "나이 묻는 것은 실례인 거 아시죠? 저는요, 갑수 씨 나이는 알고 있거든요. 어쨌든 갑수 씨보다는 나이가 적어요." 그리고는 "그럼 을수 씨 나이는 어떻게 되세요?"라고 을수에게 물었다. 을수는 "정희 씨, 저는 정희 씨와 철희 씨보다는 나이가 많지 않아요."라고 했다.
> 그때 병수가 대뜸 갑수에게 말했다. "그런데 저는 정작 갑수 씨 나이가 궁금해요. 우리들 중에서 리더 역할을 하고 있잖아요. 진짜 나이가 어떻게 되세요?" 갑수가 "저요? 음, 많아야 병수 씨 나이죠."라고 하자, "아, 그렇군요. 그럼 제가 대장해도 될까요? 하하……."라고 병수가 너털웃음을 웃으며 대꾸했다.
> 이때, "그럼 그렇게 하세요. 오늘 술값은 리더가 내시는 거 아시죠?"라고 정희가 끼어들었다. 그리고 "그런데 철희 씨는 좀 어려 보이는데, 몇 살이에요?"라고 물었다. 철희는 다소 수줍은 듯이 고개를 숙였다. 그리고는 "저는 병수 씨와 한 살 차이밖에 나지 않아요. 보기보다 나이가 많죠?"라고 대답했다.

① 정희 　　　　　　　　　　　　② 철희, 을수
③ 정희, 을수 　　　　　　　　　　④ 철희, 정희
⑤ 철희, 정희, 을수

26 다음 중 프리스트레스의 감소 원인이 아닌 것은?

① 콘크리트의 탄성 변형
② 콘크리트의 건조 수축과 크리프
③ 콘크리트의 강도
④ PS 강재와 쉬스 사이의 마찰
⑤ 정착 장치에서의 긴장재의 활동

27 다음 중 고정 크로싱에 대한 설명으로 옳지 않은 것은?

① 노즈(Nose)부가 고정되어 있다.
② 차량의 진동과 소음이 크며, 승차감이 좋지 않다.
③ 차량은 어느 방향으로든 통과할 수 있다.
④ 차량은 반드시 철로의 이음부인 결선부를 지나게 된다.
⑤ 내구성이 좋아 높은 속도에 적합하다.

28 다음 중 용어에 대한 설명으로 옳지 않은 것은?

① EB장치 : 철도 건널목에 열차 또는 차량이 접근한 경우 자동적으로 자동차 등을 검지하는 장치이다.
② 복진방지장치 : 열차의 주행과 온도변화의 영향으로 레일이 전후방향으로 이동하는 것을 방지하기 위하여 설치한 장치이다.
③ 살사장치 : 기관차의 공전(空轉)을 방지하기 위해 압축공기를 이용하여 모래를 뿌리는 장치이다.
④ 스프링장치 : 차량 주행 중에 차륜이 레일로부터 받는 충격을 스프링으로 완화하는 장치이다.
⑤ 역전장치 : 동력차의 역전기핸들을 조작함으로써 동력차의 전·후진을 결정해 주는 장치이다.

29 다음 중 선로상 위치에 따라 분류한 정거장에 대한 설명으로 옳지 않은 것은?

① 교차정거장 : 2개 이상의 선로가 교차하는 지점에 설치된 정거장이다.
② 분기정거장 : 2개 이상의 선로가 근접한 지점에 공동으로 설치된 정거장이다.
③ 중간정거장 : 차량의 선로변경 없이 차량진입이 이루어지는 역으로 대부분의 정거장이 해당된다.
④ 종단정거장 : 선로의 종단에 위치하는 정거장으로 선로망상의 위치가 종단이 아니더라도 운수 운전 작업상 열차의 종단이 되는 정거장이다.
⑤ 일반연락정거장 : 본선과 지선 간에 열차의 통과운전을 하지 않는 정거장이다.

제1회 모의고사

30 다음 중 전국 철도현장의 변전소와 전차선로의 전기설비 운용정보를 실시간으로 수집·분석하여 전철 및 전력계통을 원격으로 감시·제어하는 시스템으로 옳은 것은?

① ABS
② MBS
③ CTC
④ SCADA
⑤ KRTCS

31 다음 중 수요예측 방법에 대한 설명으로 옳지 않은 것은?

① 시계열분석법 : 한 사건 또는 여러 사건에 대하여 시간의 흐름에 따라 일정한 간격으로 관찰하고, 기록한 자료를 분석하여 미래의 수요를 예측하는 방법이다.
② 요인분석법 : 관찰된 변수들을 설명할 수 있는 몇 개의 요인으로 요약하는 방법이다.
③ 원단위법 : 대상이 되는 여러 지역을 여러 개의 교통구역으로 나누어 미래의 지역 이용 인구 등으로 교통수송량을 구하는 방법이다.
④ 중력모델법 : 두 지역 간의 교통량이 두 지역의 수송수요 발생량 크기의 제곱에 반비례하고, 두 지역 간의 거리에 비례하는 예측모델법이다.
⑤ OD표 작성법 : 각 지역의 여객과 화물 등의 수송경로를 몇 개의 구역으로 나누어 구역 간의 교통량을 작성하는 방법이다.

32 다음은 자갈도상과 콘크리트도상의 장단점을 나타낸 도표이다. 다음 중 장단점을 비교한 내용으로 옳지 않은 것은?

		자갈도상	콘크리트도상
①	탄성	양호	불량
②	전기절연성	양호	불량
③	충격 및 소음	적다	크다
④	도상진동	크다	적다
⑤	건설비	고가	저렴

33 두 개의 규소판 사이에 한 개의 알루미늄판이 결합된 3층 구조가 무수히 많이 연결되어 형성된 점토광물로서 각 3층 구조 사이에 칼륨이온(K^+)으로 결합되어 있는 것은?

① 몬모릴로나이트(Montmorillonite)
② 할로이사이트(Halloysite)
③ 고령토(Kaolinite)
④ 일라이트(Illite)
⑤ 벤토나이트(Bentonite)

34 다음 중 처짐과 균열에 대한 설명으로 옳지 않은 것은?

① 처짐에 영향을 미치는 인자로는 하중, 온도, 습도, 재령, 함수량, 압축철근의 단면적 등이다.
② 크리프, 건조수축 등으로 인하여 시간의 경과와 더불어 진행되는 처짐이 탄성처짐이다.
③ 균열폭을 최소화하기 위해서는 적은 수의 굵은 철근보다는 많은 수의 가는 철근을 인장측에 잘 분포시켜야 한다.
④ 콘크리트 표면의 균열폭은 피복두께의 영향을 받는다.
⑤ 처짐은 부재가 하중을 받아서 연직방향으로 이동한 거리를 말한다.

35 다음 중 교량에 사용되는 고장력강에 요구되는 특성이 아닌 것은?

① 값이 싸야 할 것
② 용접성이 좋아야 할 것
③ 가공성(열간, 냉간)이 좋아야 할 것
④ 인장 강도, 항복점이 커야 하고 피로 강도가 작을 것
⑤ 내식성이 좋아야 할 것

36 다음 중 장대레일을 부설할 수 있는 선로로 가장 적절한 것은?

① 자갈도상구간의 반경 300m 미만의 곡선
② 종곡선 반경이 3,000m 미만인 기울기 변경점
③ 반경 1,500m 이상의 반향 곡선
④ 전장 25m 이상인 무도상 교량
⑤ 선로의 밀림이 심한 구간의 선로

37 다음 중 철도노반의 구비 조건에 대한 설명으로 옳지 않은 것은?

① 노반 침하계수가 일정치 이하여야 한다.
② 노반표층의 파괴가 적어야 한다.
③ 노반 자체의 파괴가 적어야 한다.
④ 노반상에 견디는 하중이 고루 분산되어야 한다.
⑤ 도상분니의 방지를 위해서는 강화노반을 사용하는 것이 좋다.

38 다음 중 레일 용접부에 대한 외관검사 시 검사 항목으로 옳지 않은 것은?

① 요철
② 균열
③ 비틀림
④ 언더컷
⑤ 줄맞춤

39 다음 중 옹벽 각부설계에 대한 설명으로 옳지 않은 것은?

① 캔틸레버 옹벽의 저판은 수직벽에 의해 지지된 캔틸레버로 설계되어야 한다.
② 뒷부벽식 옹벽 및 앞부벽식 옹벽의 저판은 뒷부벽 또는 앞부벽 간의 거리를 지간으로 보고 고정보 또는 연속보로 설계되어야 한다.
③ 전면벽의 하부는 연속슬래브로서 작용한다고 보아 설계하지만 동시에 벽체 또는 캔틸레버로서도 작용하므로 상당한 양의 가외 철근을 넣어야 한다.
④ 뒷부벽은 직사각형보로, 앞부벽은 T형보로 설계되어야 한다.
⑤ 옹벽 후면저판은 그 위에 재하되는 흙의 무게와 모든 하중을 지지하도록 설계하여야 한다.

40 다음 중 용존산소 부족곡선(DO Sag Curve)에서 산소의 복귀율(회복속도)이 최대로 되었다가 감소하기 시작하는 점은?

① 임계점
② 변곡점
③ 삼중점
④ 오염 직후 점
⑤ 포화 직전 점

41 다음 중 DAD(Depth Area Duration) 해석에 관한 설명으로 옳은 것은?

① 최대 평균 우량깊이, 유역면적, 강우강도와의 관계를 수립하는 작업이다.
② 유역면적을 대수축(Logarithmic Scale)에, 최대 평균강우량을 산술축(Arithmetic Scale)에 표시한다.
③ DAD 해석 시 상대습도 자료가 필요하다.
④ 유역면적과 증발산량과의 관계를 알 수 있다.
⑤ 일반적으로 강수의 계속시간이 짧을수록 또는 지역의 면적이 클수록 평균 유량의 최대치는 커진다.

42 흐트러지지 않은 시료를 이용하여 액성한계 40%, 소성한계 22.3%를 얻었다. Terzaghi와 Peck이 발표한 경험식에 의해 정규압밀 점토의 압축지수 C_c 값을 구하면?

① 0.25 ② 0.27
③ 0.30 ④ 0.35
⑤ 0.40

43 휨모멘트가 최대가 되는 단면의 위치는 B점에서 얼마인가?

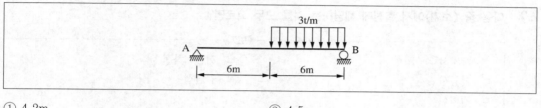

① 4.2m ② 4.5m
③ 4.8m ④ 5.2m
⑤ 5.5m

44 다음 중 장대레일 보수 시 도상자갈의 정비 방법에 대한 설명으로 옳은 것은?

① 침목측면을 노출시켜야 한다.
② 도상어깨폭은 500mm 이상 확보해야 한다.
③ 표면 자갈은 충분하게 다짐해야 한다.
④ 도상저항력이 부족한 경우 도상 아랫부분에 자갈을 충분히 다짐한다.
⑤ 도상저항력이 부족한 경우 도상어깨폭에 콘크리트를 보충한다.

45 다음 중 최저좌굴축압에 대한 설명으로 옳은 것은?

① 차륜 하중에 의해 침목 밑에서 도상이 받는 압력이다.
② 압축부재에서 좌굴 하중에 의하여 발생되는 단면의 평균 응력이다.
③ 도상자갈 중의 궤광을 궤도와 평행방향으로 수평이동하려 할 때 침목과 자갈 사이에 생기는 최대 저항력이다.
④ 도상자갈 중의 궤광을 궤도와 직각방향으로 수평이동하려 할 때 침목과 자갈 사이에 생기는 최대 저항력이다.
⑤ 레일의 국부틀림이 좌굴을 일으킬 수 있는 충분한 조건이 되었을 때 이론상 좌굴을 일으킬 수 있다고 생각되는 최저의 축압력이다.

46 다음 중 전철변전소의 위치에 대한 설명으로 옳지 않은 것은?

① 변전소나 구분소 앞 절연구간에서 타행운전이 가능한 곳이어야 한다.
② 변전소의 경우 전원에서 떨어진 곳이어야 한다.
③ 민원의 발생 요인이 적은 곳이어야 한다.
④ 보호시설물에 가급적 지장을 주지 않는 곳이어야 한다.
⑤ 변압기 등 변전기기와 시설자재의 운반이 편리한 곳이어야 한다.

47 다음 중 〈보기〉에서 측선에 해당하는 것을 모두 고르면?

〈보기〉
ㄱ. 세차선　　　　　　　　　　　　ㄴ. 화물적하선 ㄷ. 가공선　　　　　　　　　　　　ㄹ. 간단선 ㅁ. 기회선

① ㄱ, ㄴ, ㄷ　　　　　　　　　　② ㄴ, ㄷ, ㅁ
③ ㄱ, ㄴ, ㅁ　　　　　　　　　　④ ㄴ, ㄷ, ㄹ
⑤ ㄴ, ㄹ, ㅁ

48 다음 중 차막이에 대한 설명으로 옳지 않은 것은?

① 충격완화를 위한 완충기능을 갖춰야 한다.
② 피난측선에서 사용하는 경우 자갈을 덮은 형태를 사용한다.
③ 차량을 강제로 정지시킬 수 있는 강도를 갖춰야 한다.
④ 선로의 종점에 있어 차량의 일주(逸走)를 방지하기 위해 설치한다.
⑤ 일반적으로 레일을 직교하여 설치한다.

49 다음 중 승강장의 편의·안전설비 설치에 대한 설명으로 옳지 않은 것은?

① 여객용 통로 및 여객용 계단의 폭은 3m 이상이어야 한다.
② 여객용 계단에는 높이 5m마다 계단참을 설치해야 한다.
③ 여객용 계단에는 손잡이를 설치해야 한다.
④ 화재에 대비하여 통로에 방향 유도등을 설치해야 한다.
⑤ 승강장 지붕의 폭 및 길이는 승강장의 규모, 열차의 길이 및 열차의 종류 등을 고려하여 설치해야 한다.

50 다음 중 사진측량의 특수 3점에 대한 설명으로 옳은 것은?

① 사진상에서 등각점을 구하는 것이 가장 쉽다.

② 사진의 경사각이 0°인 경우에는 특수 3점이 일치한다.

③ 기복변위는 주점에서 0이며 연직점에서 최대이다.

④ 카메라 경사에 의한 사선방향의 변위는 등각점에서 최대이다.

⑤ 렌즈중심으로부터 지표면에 내린 수선의 발을 주점이라 한다.

www.sdedu.co.kr

제2회
코레일 한국철도공사 토목직

NCS 직업기초능력평가 + 직무수행능력평가

⟨문항 및 시험시간⟩

평가영역	문항 수	시험시간	모바일 OMR 답안분석
의사소통능력+수리능력+문제해결능력+토목일반	50문항	60분	

제2회 모의고사

| 01 | 직업기초능력평가

※ 불법개조 자동차로 인한 피해가 늘어남에 따라 K공사에서는 불법자동차 연중 상시 단속을 시행하고 있다. 글을 읽고, 이어지는 질문에 답하시오. [1~2]

(가) 자동차를 타고 도로를 운행하다 보면 귀에 거슬릴 정도의 배기 소음 소리, 차 실내의 시끄러운 음악 소리, 야간 운전 시 마주 오는 차량의 시야 확보를 곤란하게 하는 밝은 전조등, 정지를 알리는 빨간색의 제동등을 검게 코팅을 하거나 푸른색 등화를 장착해서 앞차의 급정차를 미처 알지 못해 후방 추돌 사고의 위험을 초래하는 자동차, 방향지시등의 색상을 바꾸어 혼란을 주는 행위, 자동차 사고 시 인체 또는 상대방 차량에 심각한 손상을 줄 수 있는 철제 범퍼 설치, 자동차의 차체 옆으로 타이어 또는 휠이 튀어나와 보행자에게 피해를 줄 수 있는 자동차, 자동차등록번호판이 훼손되거나 봉인이 없이 운행되어 자동차관리법 위반 및 불법에 이용될 소지가 있는 자동차, 화물자동차의 적재장치를 임의변경하여 화물을 과다하게 적재하고 다니는 자동차 등 우리 주변에서 불법개조 자동차를 심심찮게 접할 수 있다.

(나) 현재 우리나라 자동차문화지수는 국민 1인당 차량 보유 대수와는 무관하게 선진국보다 못 미치는 것이 사실이다. 이는 급속한 경제발전과 발맞춘 자동차관리, 교통법규준수 등 교통문화정착에 대한 국가차원의 홍보 부족 및 자동차 소유자들의 무관심에 기인한 것으로 보인다. 실제 우리나라 차량 소유자들은 자동차 사용에 따른 의무나 타인에 대한 배려, 환경오염에 따른 피해 등에 관련된 사항보다는 '어떤 자동차를 운행하는가?'를 더 중요하게 생각하고 있는 실정이다.

(다) 하지만 지금까지 불법자동차에 대한 단속이 체계적으로 이루어지지 않아 법령위반 자동차가 급증하는 추세이며, 선량한 일반 자동차 소유자를 자극하여 모방 사례가 확산되는 실정이다. 이에 따라 2004년 국정감사 시에도 교통사고 발생 및 환경오염 유발 등 불법자동차 운행으로 발생하는 문제점에 대하여 논의된 바가 있다. 이러한 문제점을 해결하기 위해 정부에서는 자동차검사 전문기관인 K공사가 주관이 되어 법령위반 자동차의 연중 수시 단속을 시행하게 되었다. 이번 불법자동차 연중 상시 단속은 K공사에서 위법차량 적발 시 증거를 확보하여 관할 관청에 통보하고, 해당 지방자치단체는 임시검사명령 등의 행정조치를 하고 자동차 소유자는 적발된 위반사항에 대하여 원상복구 등의 조치를 하여야 한다.

01 다음 중 (가) ~ (다)를 논리적 순서에 맞게 나열한 것은?

① (가) – (나) – (다)
② (가) – (다) – (나)
③ (나) – (가) – (다)
④ (나) – (다) – (가)
⑤ (다) – (가) – (나)

02 다음 중 K공사의 단속 대상에 해당하지 않는 자동차는?

① 화물자동차 물품적재장치 높이를 임의로 개조한 자동차
② 제동등과 방향지시등의 색을 파랗게 바꾼 자동차
③ 철제 범퍼를 착용한 자동차
④ 스피커를 개조하여 음악을 크게 틀어놓은 자동차
⑤ 자동차를 새로 구입하여 등록 전 임시번호판을 달아놓은 자동차

03 다음 글의 '나'의 견해와 부합하는 것만을 〈보기〉에서 모두 고르면?

이제 '나'는 사람들이 동물실험의 모순적 상황을 직시하기를 바랍니다. 생리에 대한 실험이건, 심리에 대한 실험이건, 동물을 대상으로 하는 실험은 동물이 어떤 자극에 대해 반응하고 행동하는 양상이 인간과 유사하다는 것을 전제합니다. 동물실험을 옹호하는 측에서는 인간과 동물이 유사하기 때문에 실험 결과에 실효성이 있다고 주장합니다. 그런데 설령 동물실험을 통해 아무리 큰 성과를 얻을지라도 동물실험 옹호론자들은 중대한 모순을 피할 수 없습니다. 그들은 인간과 동물이 다르다는 것을 실험에서 동물을 이용해도 된다는 이유로 제시하고 있기 때문입니다. 이것은 명백히 모순적인 상황이 아닐 수 없습니다.

이러한 모순적 상황은 영장류의 심리를 연구할 때 확연히 드러납니다. 최근 어느 실험에서 심리 연구를 위해 아기 원숭이를 장기간 어미 원숭이와 떼어놓아 정서적으로 고립시켰습니다. 사람들은 이 실험이 우울증과 같은 인간의 심리적 질환을 이해하기 위한 연구라는 구실을 앞세워 이 잔인한 행위를 합리화하고자 했습니다. 즉, 이 실험은 원숭이가 인간과 유사하게 고통과 우울을 느끼는 존재라는 사실을 가정하고 있습니다. 인간과 동물이 심리적으로 유사하다는 사실을 인정하면서도 사람에게는 차마 하지 못할 잔인한 행동을 동물에게 하고 있는 것입니다.

또 동물의 피부나 혈액을 이용해서 제품을 실험할 때, 동물실험 옹호론자들은 이 실험이 오로지 인간과 동물 사이의 '생리적 유사성'에만 바탕을 두고 있을 뿐이라고 변명합니다. 이처럼 인간과 동물이 오로지 '생리적'으로만 유사할 뿐이라고 생각한다면, 이는 동물실험의 모순적 상황을 외면하는 것입니다.

─────〈보기〉─────

ㄱ. 동물실험은 동물이 인간과 유사하면서도 유사하지 않다고 가정하는 모순적 상황에 놓여 있다.
ㄴ. 인간과 동물 간 생리적 유사성에도 불구하고 심리적 유사성이 불확실하기 때문에 동물실험은 모순적 상황에 있다.
ㄷ. 인간과 원숭이 간에 심리적 유사성이 존재하기 때문에 인간의 우울증 연구를 위해 아기 원숭이를 정서적으로 고립시키는 실험은 윤리적으로 정당화된다.

① ㄱ
② ㄴ
③ ㄱ, ㄷ
④ ㄴ, ㄷ
⑤ ㄱ, ㄴ, ㄷ

다음 글과 상황을 근거로 판단할 때, 갑이 납부하는 송달료의 합계는?

송달이란 소송의 당사자와 그 밖의 이해관계인에게 소송상의 서류의 내용을 알 수 있는 기회를 주기 위해 법에 정한 방식에 따라 하는 통지행위를 말하며, 송달에 드는 비용을 송달료라고 한다. 소 또는 상소를 제기하려는 사람은, 소장이나 상소장을 제출할 때 당사자 수에 따른 계산방식으로 산출된 송달료를 수납은행(대부분 법원구내 은행)에 납부하고 그 은행으로부터 교부받은 송달료납부서를 소장이나 상소장에 첨부하여야 한다. 송달료 납부의 기준은 아래와 같다.

- 소 또는 상소 제기 시 납부해야 할 송달료
  가. 민사 제1심 소액사건 : (당사자 수)×(송달료 10회분)
  나. 민사 제1심 소액사건 이외의 사건 : (당사자 수)×(송달료 15회분)
  다. 민사 항소사건 : (당사자 수)×(송달료 12회분)
  라. 민사 상고사건 : (당사자 수)×(송달료 8회분)
- 송달료 1회분 : 3,200원
- 당사자 : 원고, 피고
- 사건의 구별
  가. 소액사건 : 소가 2,000만 원 이하의 사건
  나. 소액사건 이외의 사건 : 소가 2,000만 원을 초과하는 사건
  ※ 소가(訴價)라 함은 원고가 승소하면 얻게 될 경제적 이익을 화폐단위로 평가한 금액을 말한다.

〈상황〉

갑은 보행로에서 자전거를 타다가 을의 상품진열대에 부딪쳐서 부상을 당하였고, 이 상황을 병이 목격하였다. 갑은 을에게 자신의 병원치료비와 위자료를 요구하였다. 그러나 을은 갑의 잘못으로 부상당한 것으로 자신에게는 책임이 없으며, 오히려 갑 때문에 진열대가 파손되어 손해가 발생했으므로 갑이 손해를 배상해야 한다고 주장하였다. 갑은 자신을 원고로, 을을 피고로 하여 병원치료비와 위자료로 합계 금 2,000만 원을 구하는 소를 제기하였다. 제1심 법원은 증인 병의 증언을 바탕으로 갑에게 책임이 있다는 을의 주장이 옳다고 인정하여, 갑의 청구를 기각하는 판결을 선고하였다. 이 판결에 대해서 갑은 항소를 제기하였다.

① 76,800원
② 104,800원
③ 124,800원
④ 140,800원
⑤ 172,800원

05 다음 SWOT 분석 결과를 바탕으로 섬유 산업이 발전할 수 있는 방안으로 적절한 것을 〈보기〉에서 모두 고르면?

강점(Strength)	약점(Weakness)
• 빠른 제품 개발 시스템	• 기능 인력 부족 심화 • 인건비 상승
기회(Opportunity)	위협(Threat)
• 한류의 영향으로 한국 제품 선호 • 국내 기업의 첨단 소재 개발 성공	• 외국산 저가 제품 공세 강화 • 선진국의 기술 보호주의

〈보기〉

ㄱ. 한류 배우를 모델로 브랜드 홍보 전략을 추진한다.
ㄴ. 단순 노동 집약적인 소품종 대량 생산 체제를 갖춘다.
ㄷ. 소비자 기호를 빠르게 분석하여 제품 생산에 반영한다.
ㄹ. 선진국의 원천 기술을 이용한 기능성 섬유를 생산한다.

① ㄱ, ㄴ ② ㄱ, ㄷ
③ ㄴ, ㄷ ④ ㄴ, ㄹ
⑤ ㄷ, ㄹ

06 K공사에서 근무 중인 A사원은 거래처에 계약서를 전달해야 한다. K공사에서 거래처까지 갈 때는 국도를 이용하여 속력 80km/h로, K공사로 복귀할 때는 고속도로를 이용하여 속력 120km/h로 복귀하였다. A사원이 K공사에서 거래처까지 1시간 이내로 왕복했다면, 거래처와 K공사의 거리는 최대 몇 km 이내겠는가?

① 44km ② 46km
③ 48km ④ 50km
⑤ 52km

안심Touch

07 다음 글을 근거로 판단할 때, B전시관 앞을 지나가거나 관람한 총 인원은?

- 전시관은 A → B → C → D 순서로 배정되어 있다. 행사장 출입구는 아래 그림과 같이 두 곳이며 다른 곳으로는 출입이 불가능하다.
- 관람객은 행사장 출입구 두 곳 중 한 곳으로 들어와서 시계 반대 방향으로 돌며, 모든 관람객은 4개의 전시관 중 2개의 전시관만을 골라 관람한다.
- 자신이 원하는 2개의 전시관을 모두 관람하면 그 다음 만나게 되는 첫 번째 행사장 출입구를 통해 나가기 때문에, 관람객 중 일부는 반 바퀴를, 일부는 한 바퀴를 돌게 되지만 한 바퀴를 초과해서 도는 관람객은 없다.
- 행사장 출입구 두 곳을 통해 행사장에 입장한 관람객 수의 합은 400명이며, 이 중 한 바퀴를 돈 관람객은 200명이고 D전시관 앞을 지나가거나 관람한 인원은 350명이다.

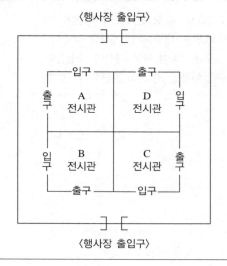

⟨행사장 출입구⟩

① 50명
② 100명
③ 200명
④ 250명
⑤ 350명

08 다음 글을 근거로 판단할 때 옳지 않은 것은?

> 여러분이 컴퓨터 키보드의 @ 키를 하루에 몇 번이나 누르는 지 한번 생각해 보라. 아마도 이메일 덕분에 사용 빈도가 매우 높을 것이다. 이탈리아에서는 '달팽이', 네덜란드에서는 '원숭이 꼬리'라 부르고 한국에서는 '골뱅이'라 불리는 이 '앳(at)' 키는 한때 수동 타자기와 함께 영영 잊혀질 위기에 처하기도 하였다. 6세기에 @는 라틴어 전치사인 'ad'를 한 획에 쓰기 위한 합자(合字)였다. 그리고 시간이 흐르면서 @는 베니스, 스페인, 포르투갈 상인들 사이에 측정 단위를 나타내는 기호로 사용되었다. 베니스 상인들은 @를 부피의 단위인 암포라(Amphora)를 나타내는 기호로 사용하였으며, 스페인과 포르투갈의 상인들은 질량의 단위인 아로바(Arroba)를 나타내는 기호로 사용하였다. 스페인에서의 1아로바는 현재의 9.5kg에 해당하며, 포르투갈에서의 1아로바는 현재의 12kg에 해당한다. 이후에 @는 단가를 뜻하는 기호로 변화하였다. 예컨대 '복숭아 12개@1.5달러'로 표기한 경우 복숭아 12개의 가격이 18달러라는 것을 의미했다. @ 키는 1885년 미국에서 언더우드 타자기에 등장하였고 20세기까지 자판에서 자리를 지키고 있었지만 사용 빈도는 점차 줄어들었다. 그런데 1971년 미국의 한 프로그래머가 잊혀지다시피 하였던 @ 키를 살려낸다. 연구개발 업체에서 인터넷상의 컴퓨터 간 메시지 송신기술 개발을 담당했던 그는 @ 키를 이메일 기호로 활용했던 것이다.
>
> ※ ad : 현대 영어의 'at' 또는 'to'에 해당하는 전치사

① 1960년대 말 @ 키는 타자기 자판에서 사라지면서 사용빈도가 점차 줄어들었다.
② @가 사용되기 시작한 지는 1,000년이 넘었다.
③ @가 단가를 뜻하는 기호로 쓰였을 때, '토마토 15개@3달러'라면 토마토 15개의 가격은 45달러였을 것이다.
④ @는 전치사, 측정 단위, 단가, 이메일 기호 등 다양한 의미로 활용되어 왔다.
⑤ 스페인 상인과 포르투갈 상인이 측정 단위로 사용했던 1@는 그 질량이 동일하지 않았을 것이다.

09 다음 글에서 추론할 수 있는 내용은?

> 어떤 시점에 당신만이 느끼는 어떤 감각을 지시하여 'W'라는 용어의 의미로 삼는다고 해 보자. 그 이후에 가끔 그 감각을 느끼게 되면, "W라고 불리는 그 감각이 나타났다."고 당신은 말할 것이다. 그렇지만 그 경우에 당신이 그 용어를 올바로 사용했는지 그렇지 않은지를 어떻게 결정할 수 있는가? 만에 하나 첫 번째 감각을 잘못 기억할 수도 있는 것이고, 혹은 실제로는 단지 희미하고 어렴풋한 유사성밖에 없는데도 첫 번째 감각과 두 번째 감각 사이에 밀접한 유사성이 있는 것으로 착각할 수도 있다. 더구나 그것이 착각인지 아닌지를 판단할 근거가 없다. 만약 'W'라는 용어의 의미가 당신만이 느끼는 그 감각에만 해당한다면, 'W'라는 용어의 올바른 사용과 잘못된 사용을 구분할 방법은 어디에도 없게 될 것이다. 올바른 적용에 관해 결정을 내릴 수 없는 용어는 아무런 의미도 갖지 않는다.

① 본인만이 느끼는 감각을 지시하는 용어는 아무 의미도 없다.
② 어떤 용어도 구체적 사례를 통해서 의미를 얻게 될 수 없다.
③ 감각을 지시하는 용어는 사용하는 사람에 따라 상대적인 의미를 갖는다.
④ 감각을 지시하는 용어의 의미는 그것이 무엇을 지시하는가와 아무 상관이 없다.
⑤ 감각을 지시하는 용어의 의미는 다른 사람들과 공유하는 의미로 확장될 수 있다.

10 다음 글의 상황에서 〈보기〉의 사실을 토대로 신입사원이 김 과장을 찾기 위해 추측한 내용 중 반드시 참인 것은?

> 김 과장은 오늘 아침 조기 축구 시합에 나갔다. 그런데 김 과장을 한 번도 본 적이 없는 같은 회사의 어떤 신입사원이 김 과장에게 급히 전할 서류가 있어 직접 축구 시합장을 찾았다. 시합은 이미 시작되었고, 김 과장이 현재 양 팀의 수비수나 공격수 중 한 사람으로 뛰고 있다는 것은 분명하다.

〈보기〉
ㄱ. A팀은 검정색 상의를, B팀은 흰색 상의를 입고 있다.
ㄴ. 양 팀에서 축구화를 신고 있는 사람은 모두 안경을 쓰고 있다.
ㄷ. 양 팀에서 안경을 쓴 사람은 모두 수비수이다.

① 김 과장이 공격수라면 안경을 쓰고 있다.
② 김 과장이 A팀의 공격수라면 흰색 상의를 입고 있거나 축구화를 신고 있다.
③ 김 과장이 B팀의 공격수라면 축구화를 신고 있지 않다.
④ 김 과장이 검정색 상의를 입고 있다면 안경을 쓰고 있다.
⑤ 김 과장이 A팀의 수비수라면 검정색 상의를 입고 있으며 안경을 쓰고 있지 않다.

11 다음은 업무 수행 과정에서 발생하는 문제의 유형 3가지를 소개한 자료이다. 자료에서 설명하는 문제의 유형에 대하여 〈보기〉의 사례가 적절하게 연결된 것은?

〈문제의 유형〉

발생형 문제	현재 직면한 문제로, 어떤 기준에 대하여 일탈 또는 미달함으로써 발생하는 문제이다.
탐색형 문제	탐색하지 않으면 나타나지 않는 문제로, 현재 상황을 개선하거나 효율을 더 높이기 위해 발생하는 문제이다.
설정형 문제	미래지향적인 새로운 과제 또는 목표를 설정하면서 발생하는 문제이다.

〈보기〉
(가) A회사는 초콜릿 과자에서 애벌레로 보이는 곤충 사체가 발견되어 과자 제조과정에 대해 고민하고 있다.
(나) B회사는 점차 다가오는 초고령사회에 대비하여 노인들을 위한 애플리케이션을 개발하기로 했다.
(다) C회사는 현재의 충전지보다 더 많은 전압을 회복시킬 수 있는 충전지를 연구하고 있다.
(라) D회사는 발전하고 있는 드론시대를 위해 드론센터를 건립하기로 결정했다.
(마) E회사는 업무 효율을 높이기 위해 근로시간을 단축하기로 결정했다.
(바) F회사는 올해 개발한 침대에 방사능이 검출되어 안전기준에 부적합 판정을 받았다.

	발생형 문제	탐색형 문제	설정형 문제		발생형 문제	탐색형 문제	설정형 문제
①	(가), (바)	(다), (마)	(나), (라)	②	(가), (마)	(나), (라)	(다), (바)
③	(가), (나)	(다), (바)	(라), (마)	④	(가), (나)	(마), (바)	(다), (라)
⑤	(가), (바)	(나), (다)	(라), (마)				

12 다음 글의 문맥상 (가)~(라)에 들어갈 말을 〈보기〉에서 골라 올바르게 짝지은 것을 고르면?

심각한 수준의 멸종 위기에 처한 생태계를 보호하기 위해 생물다양성 관련 정책이 시행되고 있다. 먼저 보호지역 지정은 생물다양성을 보존하는 데 반드시 필요한 정책 수단이다. 이 정책 수단은 각국에 의해 빈번히 사용되었다. 그러나 보호지역의 숫자는 생물다양성의 보존과 지속가능한 이용 정책의 성공 여부를 피상적으로 알려주는 지표에 지나지 않으며, _____(가)_____ 없이는 생물다양성의 감소를 막을 수 없다. 세계자연보전연맹에 따르면, 보호지역으로 지정되었음에도 실제로는 최소한의 것도 실시되지 않는 곳이 많다. 보호지역 관리에 충분한 인력을 투입하는 것은 보호지역 수를 늘리는 것만큼이나 필요하다.

_____(나)_____은/는 민간시장에서 '생물다양성 관련 제품과 서비스'가 갖는 가치와 사회 전체 내에서 그 것이 갖는 가치 간의 격차를 해소하기 위해 도입된다. 이를 통해 생태계 훼손에 대한 비용 부담은 높이고 생물다양성의 보존, 강화, 복구 노력에 대해서는 보상을 한다. 상품으로서의 가치와 공공재로서의 가치 간의 격차를 좁히는 데에 원칙적으로 이 제도만큼 적합한 것이 없다.

생물다양성을 증가시키는 유인책 중에서 _____(다)_____의 효과가 큰 편이다. 시장 형성이 마땅치 않아 이전에는 무료로 이용할 수 있었던 것에 대해 요금을 부과함으로써 생태계의 무분별한 이용을 억제하는 것이 이 제도의 골자이다. 최근 이 제도의 도입 사례가 증가하고 있으며 앞으로도 늘어날 전망이다.

생물다양성 친화적 제품 시장에 대한 전망에는 관련 정보를 지닌 소비자들이 _____(라)_____을/를 선택 할 것이라는 가정이 전제되어야 한다. 친환경 농산물, 무공해 비누, 생태 관광 등에 대한 인기가 증대되고 있는 현상은 소비자들이 친환경 제품이나 서비스에 더 비싼 값을 지불할 수도 있다는 사실을 보여주는 사례이다.

〈보기〉

ㄱ. 생태계 사용료　　　　　　　　　　ㄴ. 경제적인 유인책
ㄷ. 생물다양성 보호 제품　　　　　　ㄹ. 보호조치

	(가)	(나)	(다)	(라)
①	ㄱ	ㄴ	ㄹ	ㄷ
②	ㄴ	ㄱ	ㄷ	ㄹ
③	ㄴ	ㄹ	ㄷ	ㄱ
④	ㄹ	ㄱ	ㄷ	ㄴ
⑤	ㄹ	ㄴ	ㄱ	ㄷ

※ 다음은 연령별 어린이집 이용 영유아 현황에 관한 자료이다. 자료를 참고하여 이어지는 질문에 답하시오. [13~14]

〈연령별 어린이집 이용 영유아 현황〉

(단위 : 명)

구분		국·공립 어린이집	법인 어린이집	민간 어린이집	가정 어린이집	부모협동 어린이집	직장 어린이집	합계
2017년	0 ~ 2세	36,530	35,502	229,414	193,412	463	6,517	501,838
	3 ~ 4세	56,342	50,497	293,086	13,587	705	7,875	422,092
	5세 이상	30,533	27,895	146,965	3,388	323	2,417	211,521
2018년	0 ~ 2세	42,331	38,648	262,728	222,332	540	7,815	574,394
	3 ~ 4세	59,947	49,969	290,620	12,091	755	8,518	421,900
	5세 이상	27,378	23,721	122,415	2,420	360	2,461	178,755
2019년	0 ~ 2세	47,081	42,445	317,489	269,243	639	9,359	686,256
	3 ~ 4세	61,609	48,543	292,599	10,603	881	9,571	423,806
	5세 이상	28,914	23,066	112,929	1,590	378	2,971	169,848
2020년	0 ~ 2세	49,892	41,685	337,573	298,470	817	10,895	739,332
	3 ~ 4세	64,696	49,527	319,903	8,869	1,046	10,992	455,033
	5세 이상	28,447	21,476	99,847	1,071	423	3,100	154,364

13 다음 중 자료를 판단한 내용으로 적절하지 않은 것은?

① 2017 ~ 2020년 0 ~ 2세와 3 ~ 4세 국·공립 어린이집 이용 영유아 수는 계속 증가하고 있다.

② 2017 ~ 2020년 부모협동 어린이집과 직장 어린이집을 이용하는 각 연령별 영유아 수의 증감추이는 동일하다.

③ 전년 대비 2018 ~ 2020년 가정 어린이집을 이용하는 0 ~ 2세 영유아 수는 2020년에 가장 크게 증가했다.

④ 법인 어린이집을 이용하는 5세 이상 영유아 수는 매년 감소하고 있다.

⑤ 매년 3 ~ 4세 영유아가 가장 많이 이용하는 곳을 순서대로 나열하면 상위 3곳의 순서가 같다.

14 다음 중 2017년과 2020년 전체 어린이집 이용 영유아 수의 차는 몇 명인가?

① 146,829명 ② 169,386명
③ 195,298명 ④ 213,278명
⑤ 237,536명

※ 다음은 인구 고령화 추이를 나타낸 자료이다. 자료를 참고하여 이어지는 질문에 답하시오. [15~17]

〈인구 고령화 추이〉

(단위 : %)

구분	1999년	2004년	2009년	2014년	2019년
노인부양비	5.2	7.0	11.3	15.6	22.1
고령화지수	19.7	27.6	43.1	69.9	107.1

※ [노인부양비(%)] $= \dfrac{(65세\ 이상\ 인구)}{(15 \sim 64세\ 인구)} \times 100$

※ [고령화지수(%)] $= \dfrac{(65세\ 이상\ 인구)}{(0 \sim 14세\ 인구)} \times 100$

15 1999년 0 ~ 14세 인구가 50,000명이었을 때, 1999년 65세 이상 인구는 몇 명인가?

① 8,650명　　　　　　　　　② 8,750명

③ 9,850명　　　　　　　　　④ 9,950명

⑤ 10,650명

16 다음 중 2019년 고령화지수는 2014년 대비 몇 % 증가하였는가?(단, 소수점 이하 첫째 자리에서 반올림한다)

① 31%　　　　　　　　　② 42%

③ 53%　　　　　　　　　④ 64%

⑤ 75%

17 다음 〈보기〉의 설명 중 옳은 것을 모두 고르면?

──〈보기〉──
㉠ 노인부양비 추이는 5년 단위로 계속 증가하고 있다.
㉡ 고령화지수 추이는 5년 단위로 같은 비율로 증가하고 있다.
㉢ 2004년 대비 2009년의 노인부양비 증가폭은 4.3%p이다.
㉣ 5년 단위의 고령화지수 증가폭은 2014년 대비 2019년 증가폭이 가장 크다.

① ㉠, ㉡　　　　　　　　　② ㉠, ㉢

③ ㉠, ㉡, ㉢　　　　　　　④ ㉠, ㉢, ㉣

⑤ ㉠, ㉡, ㉢, ㉣

제2회 모의고사

18 다음 글에서 추론할 수 있는 것만을 〈보기〉에서 모두 고르면?

생산자가 어떤 자원을 투입물로 사용해서 어떤 제품이나 서비스 등의 산출물을 만드는 생산과정을 생각하자. 산출물의 가치에서 생산하는 데 소요된 모든 비용을 뺀 것이 '순생산가치'이다. 생산자가 생산과정에서 투입물 1단위를 추가할 때 순생산가치의 증가분이 '한계순생산가치'이다. 경제학자 P는 이를 ⓐ'사적(私的) 한계순생산가치'와 ⓑ'사회적 한계순생산가치'로 구분했다.

사적 한계순생산가치란 한 기업이 생산과정에서 투입물 1단위를 추가할 때 그 기업에 직접 발생하는 순생산가치의 증가분이다. 사회적 한계순생산가치란 한 기업이 투입물 1단위를 추가할 때 발생하는 사적 한계순생산가치에 그 생산에 의해 부가적으로 발생하는 사회적 비용을 빼고 편익을 더한 것이다. 여기서 이 생산과정에서 부가적으로 발생하는 사회적 비용이나 편익에는 그 기업의 사적 한계순생산가치가 포함되지 않는다.

─────────〈보기〉─────────

ㄱ. ⓐ의 크기는 기업의 생산이 사회에 부가적인 편익을 발생시키는지의 여부와 무관하게 결정된다.

ㄴ. 어떤 기업이 투입물 1단위를 추가할 때 사회에 발생하는 부가적인 편익이나 비용이 없는 경우, 이 기업이 야기하는 ⓐ와 ⓑ의 크기는 같다.

ㄷ. 기업 A와 기업 B가 동일한 투입물 1단위를 추가했을 때 각 기업에 의해 사회에 부가적으로 발생하는 비용이 같을 경우, 두 기업이 야기하는 ⓑ의 크기는 같다.

① ㄱ

② ㄷ

③ ㄱ, ㄴ

④ ㄴ, ㄷ

⑤ ㄱ, ㄴ, ㄷ

19 다음 글의 내용이 어떤 주장을 비판하는 논거일 때, 적절한 것은?

'모래언덕'이나 '바람'같은 개념은 매우 모호해 보인다. 작은 모래 무더기가 모래언덕이라고 불리려면 얼마나 높이 쌓여야 하는가? 바람이 되려면 공기는 얼마나 빨리 움직여야 하는가?

그러나 지질학자들이 관심 있는 대부분의 문제 상황에서 이런 개념들은 아무 문제없이 작동한다. 더 높은 수준의 세분화가 요구될 만한 맥락에서는 그때마다 '30m에서 40m 사이의 높이를 가진 모래언덕'이나 '시속 20km와 시속 40km 사이의 바람'처럼 수식어구가 달린 표현이 과학적 용어의 객관적인 사용을 뒷받침한다.

물리학 같은 정밀과학에서도 사정은 비슷하다. 물리학의 한 연구 분야인 저온물리학은 저온현상, 즉 초전도 현상을 비롯하여 절대온도 0K인 −273.16℃ 부근의 저온에서 나타나는 흥미로운 현상들을 연구한다. 그렇다면 정확히 몇 ℃부터 저온인가? 물리학자들은 이 문제를 놓고 다투지 않는다. 때로는 이 말이 헬륨의 끓는점(−268.6℃) 같은 극저온 근방을 가리키는가 하면, 질소의 끓는점(−195.8℃)이 기준이 되기도 한다.

과학자들은 모호한 것을 싫어한다. 모호성은 과학의 정밀성을 훼손할 뿐만 아니라 궁극적으로 과학의 객관성을 약화하기 때문이다. 그러나 모호성에 대응하는 길은 모든 측정의 오차를 0으로 만드는 데 있는 것이 아니라 대화를 통해 그 상황에 적절한 합의를 하는 데 있다.

① 과학의 정확성은 측정기술의 정확성에 달려 있다.
② 물리학 같은 정밀과학에서도 오차는 발생하기 마련이다.
③ 과학의 발달은 과학적 용어체계의 변화를 유발할 수 있다.
④ 과학적 언어의 객관성은 그 언어가 사용되는 맥락 속에서 확보된다.
⑤ 과학적 언어의 객관성은 용어의 엄밀하고 보편적인 정의에 의해서만 보장된다.

안심Touch

20 다음은 2015년부터 2020년까지 소유자별 국토면적을 나타낸 자료이다. 자료에 대한 설명 중 옳지 않은 것은?

〈소유자별 국토면적〉

(단위 : km²)

구분	2015년	2016년	2017년	2018년	2019년	2020년
전체	99,646	99,679	99,720	99,828	99,897	100,033
민유지	56,457	55,789	54,991	54,217	53,767	53,357
국유지	23,033	23,275	23,460	23,705	23,891	24,087
도유지	2,451	2,479	2,534	2,580	2,618	2,631
군유지	4,741	4,788	4,799	4,838	4,917	4,971
법인	5,207	5,464	5,734	5,926	6,105	6,287
비법인	7,377	7,495	7,828	8,197	8,251	8,283
기타	380	389	374	365	348	417

① 국유지 면적은 매년 증가하였고, 민유지 면적은 매년 감소하였다.
② 전년 대비 2016 ~ 2020년 군유지 면적의 증가량은 2019년에 가장 많다.
③ 2015년과 2020년을 비교했을 때, 법인보다 국유지 면적의 차이가 크다.
④ 전체 국토면적은 매년 조금씩 증가하고 있다.
⑤ 전년 대비 2020년 전체 국토면적의 증가율은 1% 미만이다.

21 A는 서점에서 소설, 에세이, 만화, 수험서, 잡지를 구매했다. 〈조건〉이 참일 때 A가 세 번째로 구매한 책으로 옳은 것은?

─〈조건〉─
• A는 만화와 소설보다 잡지를 먼저 구매했다.
• A는 수험서를 가장 먼저 구매하지 않았다.
• A는 에세이와 만화를 연달아 구매하지 않았다.
• A는 수험서를 구매한 다음 곧바로 에세이를 구매했다.
• A는 에세이나 소설을 마지막에 구매하지 않았다.

① 소설　　　　　　　　② 만화
③ 에세이　　　　　　　④ 잡지
⑤ 수험서

철수는 서로 무게가 다른 각각 5개의 상자 A ~ E의 무게를 비교하려고 한다. 다음 〈조건〉을 만족할 때, 상자의 무게 순서로 적절한 것은?

〈조건〉

- C+D<A
- A+B>C+E
- A+C<E
- B=C+D

① D<C<B<A<E
② C<D<B<A<E
③ C<D<A<B<E
④ C<B<D<A<E
⑤ D<A<B<C<E

23 다음 중 SWOT 분석에 대한 설명으로 적절하지 않은 것은?

〈SWOT 분석〉

강점, 약점, 기회, 위협요인을 분석·평가하고 이들을 서로 연관 지어 전략을 개발하고 문제해결 방안을 개발하는 방법이다.

	강점 (Strength)	약점 (Weakness)
기회 (Opportunity)	SO	WO
위협 (Threat)	ST	WT

① 강점과 약점은 외부 환경요인에 해당하며, 기회와 위협은 내부 환경요인에 해당한다.
② SO전략은 강점을 살려 기회를 포착하는 전략을 의미한다.
③ ST전략은 강점을 살려 위협을 회피하는 전략을 의미한다.
④ WO전략은 약점을 보완하여 기회를 포착하는 전략을 의미한다.
⑤ WT전략은 약점을 보완하여 위협을 회피하는 전략을 의미한다.

24 다음은 A ~ C회사의 부서 간 정보교환을 나타낸 자료이다. 자료와 〈조건〉을 이용하여 작성한 각 회사의 부서 간 정보교환 형태가 그림과 같을 때, 그림의 (가) ~ (다)에 해당하는 회사를 바르게 나열한 것은?

〈표 1〉 A회사의 부서 간 정보교환

부서	a	b	c	d	e	f	g
a		1	1	1	1	1	1
b	1		0	0	0	0	0
c	1	0		0	0	0	0
d	1	0	0		0	0	0
e	1	0	0	0		0	0
f	1	0	0	0	0		0
g	1	0	0	0	0	0	

〈표 2〉 B회사의 부서 간 정보교환

부서	a	b	c	d	e	f	g
a		1	1	0	0	0	0
b	1		0	1	1	0	0
c	1	0		0	0	1	1
d	0	1	0		0	0	0
e	0	1	0	0		0	0
f	0	0	1	0	0		0
g	0	0	1	0	0	0	

〈표 3〉 C회사의 부서 간 정보교환

부서	a	b	c	d	e	f	g
a		1	0	0	0	0	1
b	1		1	0	0	0	0
c	0	1		1	0	0	0
d	0	0	1		1	0	0
e	0	0	0	1		1	0
f	0	0	0	0	1		1
g	1	0	0	0	0	1	

※ A ~ C회사는 각각 a ~ g의 7개 부서만으로 이루어지며, 부서 간 정보교환이 있으면 1, 없으면 0으로 표시함

───────〈조건〉───────

• 점(·)은 부서를 의미한다.
• 두 부서 간 정보교환이 있으면 두 점을 선(─)으로 직접 연결한다.
• 두 부서 간 정보교환이 없으면 두 점을 선(─)으로 직접 연결하지 않는다.

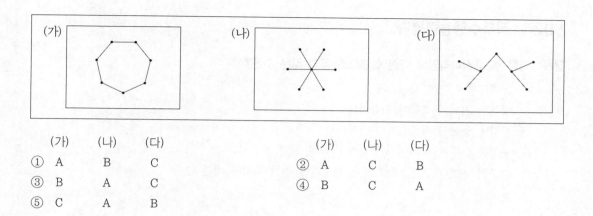

	(가)	(나)	(다)			(가)	(나)	(다)
①	A	B	C		②	A	C	B
③	B	A	C		④	B	C	A
⑤	C	A	B					

25 갑은 효율적인 월급 관리를 위해 펀드에 가입하고자 한다. A ~ D펀드 중에 하나를 골라 가입하려고 하는데, 안정적이고 우수한 펀드에 가입하기 위해 〈조건〉에 따라 비교하여 다음과 같은 결과를 얻었다. 〈보기〉에서 옳은 것만 골라 짝지은 것은?

─〈조건〉─
• 둘을 비교하여 우열을 가릴 수 있으면 우수한 쪽에는 5점, 아닌 쪽에는 2점을 부여한다.
• 둘을 비교하여 어느 한 쪽이 우수하다고 말할 수 없는 경우에는 둘 다 0점을 부여한다.
• 각 펀드는 다른 펀드 중 두 개를 골라 총 4번의 비교를 했다.
• 총합의 점수로는 우열을 가릴 수 없으며 각 펀드와의 비교를 통해서만 우열을 가릴 수 있다.

〈결과〉

A펀드	B펀드	C펀드	D펀드
7점	7점	4점	10점

─〈보기〉─
ㄱ. D펀드는 C펀드보다 우수하다.
ㄴ. B펀드가 D펀드보다 우수하다고 말할 수 없다.
ㄷ. A펀드와 B펀드의 우열을 가릴 수 있으면 A ~ D까지의 우열순위를 매길 수 있다.

① ㄱ
② ㄱ, ㄴ
③ ㄱ, ㄷ
④ ㄴ, ㄷ
⑤ ㄱ, ㄴ, ㄷ

안심Touch

26 다음 중 유심다각망에 대한 설명으로 옳지 않은 것은?

① 농지측량에 많이 사용된다.
② 방대한 지역의 측량에 적합하다.
③ 삼각망 중에서 정확도가 가장 높다.
④ 동일측점 수에 비하여 포함면적이 가장 넓다.
⑤ 각조건, 방향각조건, 측점조건, 변조건에 의한 조정을 해준다.

27 다음 중 어느 측선의 바로 앞 측선의 연장선과 이루는 각을 측정하여 각을 측정하는 방법은?

① 편각법   ② 교각법
③ 방위각법   ④ 전진법
⑤ 처짐각법

28 다음 중 축방향 압축력을 받는 기둥을 설계할 때 허용압축 응력도를 판단하기 위하여 고려하여야 할 여러 사항 중 가장 중요한 요소로 판단되는 것은?

① 단면적   ② 기둥의 길이
③ 세장비   ④ 기둥의 단면 1차 모멘트
⑤ 기둥의 단면 2차 모멘트

29 다음 중 1～3종 철도건널목에 대한 설명으로 옳지 않은 것은?

① 1종 철도건널목에는 지정된 시간 동안 건널목안내원이 근무한다.
② 2종 철도건널목에는 철도건널목 표지판이 설치된다.
③ 2종 철도건널목에는 경보기가 설치된다.
④ 3종 철도건널목에는 차단기가 설치된다.
⑤ 3종 철도건널목에는 철도건널목 표지판이 설치된다.

30 다음 그림과 같이 방향이 반대인 힘 P와 $3P$가 L간격으로 평행하게 작용하고 있다. 두 힘의 합력의 작용위치 X는?

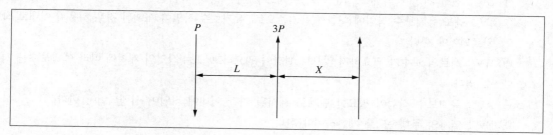

① $\dfrac{1}{3}L$ ② $\dfrac{1}{2}L$

③ $\dfrac{2}{3}L$ ④ $1L$

⑤ $2L$

31 프리스트레스의 손실을 초래하는 원인 중 프리텐션 방식보다 포스트텐션 방식에서 크게 나타나는 것은?

① 콘크리트의 탄성수축   ② 강재와 시스의 마찰
③ 콘크리트의 크리프   ④ 콘크리트의 건조수축
⑤ 콘크리트의 수화반응

32 다음 〈보기〉 중 보선작업의 기계화 추진 시 고려해야 할 사항을 모두 고르면?

〈보기〉

㉠ 보수시간의 확보   ㉡ 보수기지의 정비
㉢ 기상변화의 예측   ㉣ 기계 검사 수리 체제의 정비
㉤ 보수통로의 정비

① ㉠, ㉡   ② ㉡, ㉢
③ ㉠, ㉡, ㉣   ④ ㉠, ㉡, ㉣, ㉤
⑤ ㉠, ㉢, ㉣, ㉤

33 궤도틀림의 관리 기준에 따라 구분된 관리단계 중 주의기준 단계에 대한 설명으로 옳은 것은?

① CV : 신선 건설 시의 준공기준으로, 유지보수 시 적용하지 않는다.

② TV : 궤도 유지보수 작업에 대한 허용기준으로, 유지보수 작업이 시행된 경우 허용치 이내로 작업이 완료되어야 한다.

③ WV : 선로의 보수가 필요하지 않으나 관찰이 필요하고, 보수작업의 계획에 따라 예방보수를 시행할 수 있다.

④ AV : 유지보수 작업이 필요한 단계로 제시된 기간 이내에 작업이 시행되어야 한다.

⑤ SV : 열차의 주행속도를 제한하여야 한다.

34 다음 중 지성선에 해당하지 않는 것은?

① 구조선
② 능선
③ 계곡선
④ 경사변환선
⑤ 최대 경사선

35 다음은 종곡선의 설치에 대한 설명이다. 다음 중 (A) ~ (C)에 들어갈 수치로 옳은 것은?

선로의 기울기가 변화하는 개소의 기울기 차이가 설계속도에 따라 다음 표의 값 이상인 경우에는 종곡선을 설치하여야 한다.

설계속도 V(km/h)	기울기 차(천분율)
$200 < V \leq 350$	(A)
$70 < V \leq 200$	(B)
$V \leq 70$	(C)

	(A)	(B)	(C)
①	1	2	3
③	1	3	4
⑤	1	4	5

	(A)	(B)	(C)
②	2	3	5
④	2	4	6

36 다음 중 자동운전궤도(Automated Guideway Transit) 시스템에 대한 설명으로 옳지 않은 것은?

① 부침식 분기방식은 진행방식에 따라 가드레일을 좌우로 작동하여 방향을 바꾼다.

② AGT 경량전철은 크게 고무바퀴차륜 AGT와 철제바퀴차륜 AGT로 구분된다.

③ 회전식 분기방식에서는 분기장치의 180° 회전을 통해 진행방향을 바꾼다.

④ 경량 차량이 안내레일을 따라 무인으로 운영하는 철도 시스템이다.

⑤ 측방안내방식은 안내레일을 주행면의 측면에 설치하여 안내하는 방식이다.

37 다음 중 레일의 구비 조건으로 옳지 않은 것은?

① 유지보수가 용이하고 내구성이 길어야 한다.

② 진동 및 소음 저감에 유리해야 한다.

③ 경제적이어야 한다.

④ 전기 흐름에 저항이 커야 한다.

⑤ 구조적으로 충분한 안전도를 확보해야 한다.

38 다음 〈보기〉에서 설명하는 것은?

―――〈보기〉―――

열차가 직선에서 곡선으로 진입할 때 발생하는 충격을 방지하기 위해 설계된 특수 형태의 곡선을 말한다. 직선로를 곡선로에 연결할 때는 그 사이에 곡선을 삽입하여 곡률과 캔트 및 슬랙을 서서히 변화시켜 줌으로써 열차운행의 급격한 변화를 완화시킬 수 있다.

① 완화곡선   ② 오퍼곡선

③ 감수곡선   ④ 단일곡선

⑤ 공간곡선

39 다음 중 선로전환기의 정위를 결정하는 기준으로 옳지 않은 것은?

① 본선과 본선의 경우는 주요한 방향

② 측선과 측선의 경우는 주요한 방향

③ 본선과 측선의 경우는 본선의 방향

④ 본선과 안전 측선의 경우는 본선의 방향

⑤ 탈선 선로전환기의 경우는 차량을 탈선시키는 방향

40 다음 중 트래버스 측량에 관한 일반적인 사항에 대한 설명으로 옳지 않은 것은?

① 트래버스 종류 중 결합트래버스는 가장 높은 정확도를 얻을 수 있다.

② 각 관측 방법 중 방위각법은 한번 오차가 발생하면 그 영향이 끝까지 미친다.

③ 폐합오차 조정방법 중 컴퍼스 법칙은 각 관측의 정밀도가 거리 관측의 정밀도보다 높을 때 실시한다.

④ 폐합트래버스에서 편각의 총합은 반드시 360°가 되어야 한다.

⑤ 트랜싯 법칙은 위거 및 경거의 오차를 각 측선의 위거 및 경거의 길이에 비례하여 배분하면 된다는 법칙이다.

41 다음에서 설명하는 기계로 가장 적절한 것은?

> 자갈정리 작업을 위한 도상작업용 보선장비로, 살포한 자갈을 스스로 달리면서 고르게 밀어 표준 도상 단면의 형상을 정리한다. 도상이 부족한 곳으로 자갈을 미는 등 소운반이 가능하며, 브러시로 레일 저부, 체결부, 침목 상면의 청소까지 시행할 수 있는 장비로, 시간당 작업량은 1,000m에 이른다.

① 밸러스트 클리너　　　　　　　　② 멀티플 타이 탬퍼
③ 스위치 타이 탬퍼　　　　　　　　④ 밸러스트 콤팩터
⑤ 밸러스트 레귤레이터

42 다음은 도상계수의 판단기준을 나타낸 도표이다. 다음 중 (A) ~ (C)에 순서대로 들어갈 수치로 적절한 것은?

〈도상계수의 판단기준〉	
불량도상	__(A)__ kg/cm^3
양호도상	__(B)__ kg/cm^3
우량도상	__(C)__ kg/cm^3

	(A)	(B)	(C)		(A)	(B)	(C)
①	5	9	13	②	6	10	14
③	5	10	15	④	6	12	18
⑤	7	13	19				

43 다음 중 설명에 해당하는 이음매판은?

> 단책형 이음매판에 하부 플랜지(Lower Flange)를 붙여서 단면을 증가시켜 강도를 높인 구조로, 플랜지를 레일 저부의 상면에 밀착토록 하여 횡압저항이 크고, 놋치(Notch)에 스파이크를 박아 복진을 방지할 수 있다.

① L형 이음매판　　　　　　　　　② I형 이음매판
③ 절연 이음매판　　　　　　　　　④ 이형 이음매판
⑤ 연속식 이음매판

44 열차 선로는 설계속도에 따라 다음 표의 값 미만의 곡선반경을 가진 곡선과 직선이 접속하는 곳에 완화곡선을 두어야 한다. 다음 중 (A) ~ (B)에 들어갈 수치로 적절한 것은?

설계속도 V(km/h)	곡선반경(m)
250	(A)
200	12,000
150	5,000
120	2,500
100	1,500
$V \leq 70$	(B)

      (A)   (B)   (A)   (B)

① 24,000   600   ② 23,000   600

③ 24,000   500   ④ 23,000   500

⑤ 24,000   400

45 다음 중 말뚝의 부마찰력(Negative Skin Friction)에 대한 설명으로 옳지 않은 것은?

① 말뚝의 허용지지력을 결정할 때 세심하게 고려해야 한다.

② 연약지반에 말뚝을 박은 후 그 위에 성토를 한 경우 일어나기 쉽다.

③ 연약한 점토에 있어서는 상대변위의 속도가 느릴수록 부마찰력은 크다.

④ 연약지반을 관통하여 견고한 지반까지 말뚝을 박은 경우 일어나기 쉽다.

⑤ 파일시공 전 연약지반 개량공법을 충분히 적용하여 방지할 수 있다.

46 다음 중 측량의 분류에 대한 설명으로 옳은 것은?

① 측량 구역이 상대적으로 협소하여 지구의 곡률을 고려하지 않아도 되는 측량을 측지측량이라 한다.

② 측량 정확도에 따라 평면기준점 측량과 고저기준점 측량으로 구분한다.

③ 구면 삼각법을 적용하는 측량과 평면 삼각법을 적용하는 측량과의 근본적인 차이는 삼각형의 내각의 합이다.

④ 측량법에서는 기본측량과 공공측량의 두 가지로만 측량을 분류한다.

⑤ 지상 여러 점의 고·저의 차이나 표고를 측정하기 위한 측량을 기준점 측량이라 한다.

47 다음 그림의 삼각형 구조가 평형 상태에 있을 때 법선 방향에 대한 힘의 크기 P는?

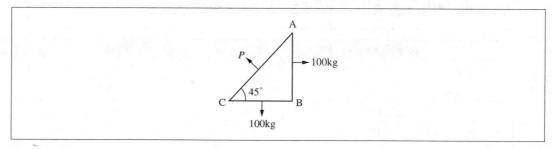

① 약 200.2kg
② 약 180.4kg
③ 약 165.7kg
④ 약 141.4kg
⑤ 약 133.0kg

48 다음 중 UTM 좌표에 대한 설명으로 옳지 않은 것은?

① 중앙 자오선의 축척 계수는 0.9996이다.
② 좌표계는 경도 6°, 위도 8° 간격으로 나눈다.
③ 우리나라는 40구역(Zone)과 43구역(Zone)에 위치하고 있다.
④ 경도의 원점은 중앙자오선에 있으며 위도의 원점은 적도상에 있다.
⑤ 남북·동서의 양선이 만나는 정방형의 망상구조를 보인다.

49 다음 중 고속철도전용선 구간의 안전설비로 보기 어려운 것은?

① 터널 경보장치
② 지장물 검지장치
③ 보수자 선로횡단장치
④ 분기기 히팅장치
⑤ 대차 복원장치

50 다음 중 선로용량의 변화 요인으로 적절하지 않은 것은?

① 열차 속도가 크게 변경되었을 때
② 열차 적재량이 바뀌었을 때
③ 열차 설정이 크게 변경되었을 때
④ 선로 조건이 근본적으로 변경되었을 때
⑤ 폐색 방식이 변경되었을 때

제3회
코레일 한국철도공사 토목직

NCS 직업기초능력평가 + 직무수행능력평가

www.sdedu.co.kr

〈문항 및 시험시간〉

평가영역	문항 수	시험시간	모바일 OMR 답안분석
의사소통능력＋수리능력＋문제해결능력＋토목일반	50문항	60분	

제3회 모의고사

| 01 | 직업기초능력평가

01 다음 글의 내용과 부합하는 것은?

'청렴(淸廉)'은 현대 사회에서 좁게는 반부패와 동의어로 사용되며 넓게는 투명성과 책임성 등을 포괄하는 통합적 개념으로 사용되고 있다. 유학자들은 청렴을 효제와 같은 인륜의 덕목보다는 하위에 두었지만 군자라면 마땅히 지켜야 할 일상의 덕목으로 중시하였다. 조선의 대표적 유학자였던 이황과 이이는 청렴을 사회 규율이자 개인 처세의 지침으로 강조하였다. 특히 공적 업무에 종사하는 사람이라면 사회 규율로서의 청렴이 개인의 처세와 직결된다는 점에 유념해야 한다고 보았다.

청렴에 대한 논의는 정약용의 『목민심서』에서 본격적으로 나타난다. 정약용은 청렴이야말로 목민관이 지켜야 할 근본적인 덕목이며, 목민관의 직무는 청렴이 없이는 불가능하다고 강조하였다. 정약용은 청렴을 당위의 차원에서 주장하는 기존의 학자들과 달리 행위자 자신에게 실질적 이익이 된다는 점을 들어 설득하고자 하였다. 그는 청렴은 큰 이득이 남는 장사라고 말하면서, 지혜롭고 욕심이 큰 사람은 청렴을 택하지만 지혜가 짧고 욕심이 작은 사람은 탐욕을 택한다고 설명한다. 정약용은 "지자(知者)는 인(仁)을 이롭게 여긴다."라는 공자의 말을 빌려 "지혜로운 자는 청렴함을 이롭게 여긴다."라고 하였다. 비록 재물을 얻는 데 뜻이 있더라도 청렴함을 택하는 것이 결과적으로는 지혜로운 선택이라고 정약용은 말한다. 목민관의 작은 탐욕은 단기적으로 보면 눈 앞의 재물을 취하여 이익을 얻을 수 있겠지만 궁극에는 개인의 몰락과 가문의 불명예를 가져올 수 있기 때문이다.

정약용은 청렴을 지키는 것은 두 가지 효과가 있다고 보았다. 첫째, 청렴은 다른 사람에게 긍정적 효과를 미친다. 목민관이 청렴할 경우 백성을 비롯한 공동체 구성원에게 좋은 혜택이 돌아갈 것이다. 둘째, 청렴한 행위를 하는 것은 목민관 자신에게도 좋은 결과를 가져다 준다. 청렴은 그 자신의 덕을 높이는 것일 뿐 아니라 자신의 가문에 빛나는 명성과 영광을 가져다줄 것이다.

① 정약용은 청렴이 목민관이 반드시 지켜야 할 덕목임을 당위론 차원에서 정당화하였다.

② 정약용은 탐욕을 택하는 것보다 청렴을 택하는 것이 이롭다는 공자의 뜻을 계승하였다.

③ 정약용은 청렴한 사람은 욕심이 작기 때문에 재물에 대한 탐욕에 빠지지 않는다고 보았다.

④ 정약용은 청렴이 백성에게 이로움을 줄 뿐 아니라 목민관 자신에게도 이로운 행위라고 보았다.

⑤ 이황과 이이는 청렴을 개인의 처세에 있어 주요 지침으로 여겼으나 사회 규율로는 보지 않았다.

02 다음은 문서의 종류에 따른 문서 작성법이다. 문서 작성법에 따른 문서의 종류가 바르게 연결된 것은?

> (가) 상품이나 제품에 대해 정확하게 기술하기 위해서는 가급적 전문용어의 사용을 삼가고 복잡한 내용은 도표화한다.
> (나) 대외문서이고, 장기간 보관되는 문서이므로 정확하게 기술해야 하며, 한 장에 담아내는 것이 원칙이다.
> (다) 보통 업무 진행 과정에서 쓰는 경우가 대부분이므로 무엇을 도출하고자 했는지 핵심내용을 구체적으로 제시한다. 이때, 간결하고 핵심적인 내용의 도출이 우선이므로 내용의 중복을 피해야 한다.
> (라) 상대가 요구하는 것이 무엇인지 고려하여 설득력을 갖추어야 하며, 제출하기 전에 충분히 검토해야 한다.

	(가)	(나)	(다)	(라)
①	공문서	보고서	설명서	기획서
②	공문서	기획서	설명서	보고서
③	설명서	공문서	기획서	보고서
④	설명서	공문서	보고서	기획서
⑤	기획서	설명서	보고서	공문서

03 다음 글의 주제로 적절한 것은?

> 싱가포르에서는 1982년부터 자동차에 대한 정기검사 제도가 시행되었는데, 그 체계가 우리나라의 검사제도와 매우 유사하다. 단, 국내와는 다르게 재검사에 대해 수수료를 부과하고 있고, 그 금액은 처음 검사 수수료의 절반이다.
> 자동차검사에서 특이한 점은 2007년 1월 1일부터 디젤 자동차에 대한 배출가스 정밀검사가 시행되고 있다는 점이다. 안전도검사의 검사방법 및 기준은 교통부에서 주관하고, 배출가스검사의 검사방법 및 기준은 환경부에서 주관하고 있다.
> 싱가포르는 사실상 자동차 등록 총량제에 의해 관리되고 있다. 우리나라와는 다르게 자동차를 운행할 수 있는 권리증을 자동차 구매와 별도로 구매하여야 하며 그 가격이 매우 높다. 또한, 일정 구간(혼잡구역)에 대한 도로세를 우리나라의 하이패스시스템과 유사한 시스템인 ERP시스템을 통하여 징수하고 있다.
> 강력한 자동차 안전도 규제, 이륜차에 대한 체계적인 검사와 ERP를 이용한 관리를 통해 검사진로 내에서 사진촬영보다 유용한 시스템을 적용한다. 그리고 분기별 기기 정밀도 검사를 시행하여 국민에게 신뢰받을 수 있는 정기검사 제도를 시행하고 국민의 신고에 의한 수시 검사제도를 통하여 불법자동차 근절에 앞장서고 있다.

① 싱가포르 자동차 관리 시스템　　　② 싱가포르와 우리나라의 교통규제시스템
③ 싱가포르의 자동차 정기검사 제도　　④ 싱가포르의 불법자동차 근절방법
⑤ 국민에게 신뢰받는 싱가포르의 교통법규

04 다음은 서울 및 수도권 지역의 가구를 대상으로 난방방식 현황 및 난방연료 사용현황을 조사한 자료이다. 자료에 대한 설명으로 옳은 것은?

〈난방방식 현황〉

(단위 : %)

종류	서울	인천	경기남부	경기북부	전국 평균
중앙난방	22.3	13.5	6.3	11.8	14.4
개별난방	64.3	78.7	26.2	60.8	58.2
지역난방	13.4	7.8	67.5	27.4	27.4

※ 경기지역은 남부와 북부로 나눠 조사함

〈난방연료 사용현황〉

(단위 : %)

종류	서울	인천	경기남부	경기북부	전국 평균
도시가스	84.5	91.8	33.5	66.1	69.5
LPG	0.1	0.1	0.4	3.2	1.4
등유	2.4	0.4	0.8	3.0	2.2
열병합	12.6	7.4	64.3	27.1	26.6
기타	0.4	0.3	1.0	0.6	0.3

① 경기북부지역의 경우 도시가스를 사용하는 가구 수가 등유를 사용하는 가구 수의 30배 이상이다.
② 다른 난방연료와 비교했을 때 서울과 인천지역에서는 등유를 사용하는 비율이 가장 낮다.
③ 지역난방을 사용하는 가구 수는 서울이 인천의 약 1.7배이다.
④ 경기지역은 남부가 북부보다 지역난방을 사용하는 비율이 낮다.
⑤ 경기남부의 가구 수가 경기북부의 가구 수의 2배라면, 경기지역에서 개별난방을 사용하는 가구 수의 비율은 약 37.7%이다.

※ 다음은 K공사의 해외출장 보고서의 일부 내용이다. 다음 보고서를 참고하여 이어지는 질문에 답하시오. [5~6]

I. 해외출장 개요
1. 목적 : K공사 호주 연구개발 정책 및 기술현황 조사
2. 기간 : 2020년 7월 1일 ~ 2020년 7월 10일(10일간)
3. 국가 : 호주(멜버른, 시드니)
4. 출장자 인적사항

소속		직위	성명	비고
사업실	사업기획부	1급	김영훈	팀장
	사업관리부	2급	김중민	팀원
	품질관리부	4급	최고진	팀원
	자산관리부	4급	이기현	팀원
	수수료관리부	3급	정유민	팀원
인사실	인사관리부	2급	서가람	팀원

II. 주요업무 수행 사항
1. 출장의 배경 및 세부 일정
가. 출장 배경
ㄱ. K공사는 호주 기관과 1998년 2월 양자협력 양해각서(MOU)를 체결하여 2년 주기로 양 기관 간 협력 회의 개최
ㄴ. 연구개발 주요 정책 및 중장기 핵심 정책 조사
ㄷ. 지역특화 연구개발 서비스 현황 조사

05 다음 중 제시된 보고서에 반드시 포함되어야 할 내용으로 적절한 것은?

① 대상이 되는 사람들의 나이와 성별 정보, 시간 단위별로 제시된 자세한 일정 관련 정보
② 출장지에서 특별히 주의해야 할 사항, 과거 협력 회의 시 다루었던 내용 요약
③ 자세한 일정 관련 정보, 과거 협력 회의 시 다루었던 내용 요약
④ 과거 협력 회의 시 다루었던 내용 요약, 대상이 되는 사람들의 나이와 성별 정보
⑤ 대상이 되는 사람들의 나이와 성별 정보, 출장지에서 특별히 주의해야 할 사항

06 다음 중 전체 보고서의 흐름으로 적절한 것은?

① 해외 출장 개요 – 주요 수행내용 – 첨부 자료 – 결과보고서 – 수행 내용별 세부사항
② 해외 출장 개요 – 주요 수행내용 – 결과보고서 – 수행 내용별 세부사항 – 첨부 자료
③ 해외 출장 개요 – 주요 수행내용 – 결과보고서 – 첨부 자료 – 수행 내용별 세부사항
④ 해외 출장 개요 – 주요 수행내용 – 수행 내용별 세부사항 – 첨부 자료 – 결과보고서
⑤ 해외 출장 개요 – 주요 수행내용 – 수행 내용별 세부사항 – 결과보고서 – 첨부 자료

07 다음은 단위면적당 도시공원·녹지·유원지 현황을 나타낸 표이다. 자료를 통해 얻을 수 있는 정보로 옳지 않은 것은?

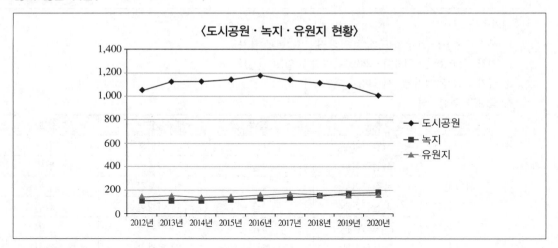

① 도시공원의 면적은 2017년부터 감소하고 있다.
② 녹지의 면적은 꾸준히 증가하고 있다.
③ 도시공원의 면적은 녹지와 유원지의 면적보다 월등히 넓다.
④ 2017년부터 녹지의 면적은 유원지 면적을 추월했다.
⑤ 도시공원의 면적은 2016년에 가장 넓다.

08 A씨는 오후 2시에 예정되어 있는 면접을 보기 위해 집에서 오후 1시에 출발하였다. 시속 80km인 버스를 타고 가다가 1시 30분에 갑자기 사고가 나서 바로 버스에서 내렸다. 집에서 면접 장소까지 50km 떨어져 있고 남은 거리를 달려간다고 할 때, 면접 시각까지 늦지 않고 도착하려면 최소 몇 km/h로 가야 하는가?

① 10km/h   ② 15km/h
③ 20km/h   ④ 25km/h
⑤ 30km/h

09 다음은 Z국의 PC와 스마트폰 기반 웹 브라우저 이용에 대한 설문조사를 바탕으로, 2020년 10월 ~ 2021년 1월 동안 매월 이용률 상위 5종 웹 브라우저의 이용률 현황을 정리한 자료이다. 자료에 대한 설명으로 옳은 것은?

〈표 1〉 PC 기반 웹 브라우저

(단위 : %)

조사시기 웹 브라우저 종류	2020년			2021년
	10월	11월	12월	1월
인터넷 익스플로러	58.22	58.36	57.91	58.21
파이어폭스	17.70	17.54	17.22	17.35
크롬	16.42	16.44	17.35	17.02
사파리	5.84	5.90	5.82	5.78
오페라	1.42	1.39	1.33	1.28
상위 5종 전체	99.60	99.63	99.63	99.64

※ 무응답자는 없으며, 응답자는 1종의 웹 브라우저만을 이용하였다.

〈표 2〉 스마트폰 기반 웹 브라우저

(단위 : %)

조사시기 웹 브라우저 종류	2020년			2021년
	10월	11월	12월	1월
사파리	55.88	55.61	54.82	54.97
안드로이드 기본 브라우저	23.45	25.22	25.43	23.49
크롬	6.85	8.33	9.70	10.87
오페라	6.91	4.81	4.15	4.51
인터넷 익스플로러	1.30	1.56	1.58	1.63
상위 5종 전체	94.39	95.53	95.68	95.47

※ 무응답자는 없으며, 응답자는 1종의 웹 브라우저만을 이용하였다.

① 2020년 10월 전체 설문조사 대상 스마트폰 기반 웹 브라우저는 10종 이상이다.
② 2021년 1월 이용률 상위 5종 웹 브라우저 중 PC 기반 이용률 순위와 스마트폰 기반 이용률 순위가 일치하는 웹 브라우저는 없다.
③ PC 기반 이용률 상위 5종 웹 브라우저의 이용률 순위는 매월 동일하다.
④ 스마트폰 기반 이용률 상위 5종 웹 브라우저 중 2020년 10월과 2021년 1월 이용률의 차이가 2%p 이상인 것은 크롬뿐이다.
⑤ 스마트폰 기반 이용률 상위 3종 웹 브라우저 이용률의 합은 매월 90% 이상이다.

안심Touch

※ 다음은 워라밸(Work and Life Balance)을 주제로 한 기사 내용이다. 다음 기사를 읽고 이어지는 질문에 답하시오. [10~11]

(가) 최근 정부는 '일자리 정책 5년 로드맵'에서 주당 최대 근로시간을 52시간으로 확립해 국민의 삶의 질을 개선하고 생산성을 높이겠다는 계획을 밝혔다. 계획대로라면 연간 평균 근로시간이 2016년의 2,052시간에서 2022년에는 1,890시간으로 줄어들게 되는 것이다. 이처럼 국민의 일과 생활의 균형을 찾아주겠다는 현 정부의 의지는 유통업계를 중심으로 '워라밸' 문화 열풍을 몰고 왔다.

(나) 워라밸은 영문표현 'Work and Life Balance'의 줄임말로 개인의 일과 생활이 조화롭게 균형을 유지하고 있는 상태를 의미한다. 워라밸을 통해 직원들의 업무 만족도가 높아지고, 이는 회사에 대한 애사심으로 이어져 결국 퇴사율을 낮춘다는 연구 결과를 통해 최근 여러 기업에서는 단축 근무 실시, 연가 사용 활성화 등 다양한 워라밸 제도를 앞다퉈 실시하고 있다.

(다) 게임 서비스 회사 A엔터테인먼트는 작년 하반기부터 '퍼플타임제'를 시행해 출근 시간을 자유롭게 선택해서 일정 시간을 근무한 후 각자 다른 시간에 퇴근하는 탄력 근무제도를 시행해 왔다. 즉 오전 8시 30분에서 오전 10시 30분 사이에 직원들이 출근 시간을 자율적으로 결정해 육아, 자기계발 등 직원 본인과 가족의 라이프스타일에 맞춰 활용할 수 있도록 한 것이다. 그리고 B그룹은 5년마다 최대 한 달간 자기 계발의 시간을 가질 수 있는 '창의 휴가 제도'를 운용 중이다. 창의 휴가 제도는 입사일을 기준으로 5년마다 4주간의 휴가를 낼 수 있으며, 근속 연수에 따라 50만 ~ 500만 원의 휴가비를 지급한다.

(라) C그룹은 업무 시간 이후 직원들에게 메시지, 메일, 전화 등을 통한 업무 지시를 일절 금지한다. 또한, 퇴근 시간이 임박했을 때는 새로운 업무 지시를 할 수 없도록 하고 있다. 직원들의 퇴근 후 휴식권을 보장하기 위함이다. D그룹은 대기업 최초 주 35시간 근무제를 도입했다. 오전 9시에 출근해 오후 5시에 퇴근하는 '9 to 5제'가 적용되어 임직원은 하루 7시간만 근무하면 된다. 오후 5시면 컴퓨터가 저절로 꺼져 직원들은 사무실에 남아 있어도 업무를 볼 수가 없다.

(마) 지난해 발표된 OECD의 '2017 고용 동향'에 따르면 한국의 2016년 기준 국내 취업자 1인당 평균 노동시간은 2,069시간으로 OECD 회원 35개국의 평균보다 무려 305시간 많았다. 이를 하루 법정 노동시간인 8시간으로 나누면 한국 취업자는 OECD 평균보다 38일 더 일한 셈이다. 하지만 같은 해 OECD 발표에 따르면, 각국의 노동생산성 수준은 미국, 프랑스, 독일이 시간당 약 60달러에 이르는데 비해, 한국은 33.1달러로 이들 국가의 절반 수준에 그쳤다. 오랜 근무시간이 노동 생산성과 비례하지 않음을 알 수 있는 것이다. 이러한 상황에서 과로 사회를 탈피하고 일과 생활의 균형을 유지하고자 하는 워라밸 열풍이 한국 노동 생산성에 긍정적인 영향을 미칠지 귀추가 주목된다.

10 다음 중 기사에 대한 (가) ~ (마) 문단의 제목으로 적절하지 않은 것은?

① (가) : 정부의 정책으로 나타난 워라밸 열풍
② (나) : 워라밸의 의미와 최근 실태
③ (다) : 퍼플타임제와 창의 휴가 제도에서 나타나는 워라밸
④ (라) : 퇴근 후 업무 지시와 야근의 심각성
⑤ (마) : 비효율적인 한국 노동의 실태와 워라밸 열풍에 대한 기대

11 다음 중 기사를 읽고 이해한 내용으로 올바른 것은?

① 5년마다 최대 한 달간 자기 계발의 시간을 가질 수 있는 제도는 주 35시간 근무제이다.

② 2016년 한국의 노동생산성 수준이 프랑스보다 낮음을 알 수 있다.

③ 주 35시간 근무제는 야근을 희망하는 사람들을 제외하고는 오후 5시 이후에 업무를 볼 수 없다.

④ 워라밸은 기업의 매출 감소로 이어져 퇴사율이 높아질 수 있다.

⑤ 출근 시간은 정해져 있지만, 각자 다른 시간에 퇴근하는 근무제도는 퍼플타임제이다.

12 다음은 기술 보급 실패의 사례 중 하나인 플레이펌프에 대한 글이다. 다음 글에 대한 교훈으로 가장 적절한 것은?

> 플레이펌프는 아이들의 회전놀이 기구이자 물을 끌어올리는 펌프이다. 아이들이 플레이펌프를 돌리면서 놀기만 하면 그것이 동력이 되어 지하수를 끌어올려 탱크에 물을 저장하는 것이다. 이 간단한 아이디어 사업에 미국의 정치가와 기부자들이 동참했고, 수천만 불의 기부금을 모아 남아프리카와 모잠비크에 1,500대가 넘는 플레이펌프를 공급했다. 아이들은 플레이펌프를 보며 좋아했으며, 이 사업은 성공적으로 보였다. 하지만 결론적으로 이 사업은 실패했고, 아무도 플레이펌프에 대해 더 이상 이야기하려 하지 않는다. 그 원인을 살펴보자면 우선 어린이 한 명당 겨우 2리터의 물을 끌어올려 기존의 펌프보다 훨씬 효율이 좋지 않았다. 또한 물을 끌어올리기가 쉽지 않아 플레이펌프는 아이들에게 더 이상 놀이가 아닌 일이 되어 버린 것이다.
>
> 이러한 플레이펌프는 기술 보급 실패의 사례로 볼 수 있다. 저개발국가의 빈곤 문제에 경제적인 지원만으로 접근해서는 성공할 수 없음을 분명히 보여주고 있는 것이다. 적정기술의 정의에 따르면, 기술은 현지인의 문화와 사회에 적합해야 한다. 또 현지인들이 참여하는 방식이 되어야 한다. 기술의 현지 적용 가능성에 대한 테스트도 없이 무리하게 보급된 플레이펌프는 결국 대부분 폐기처리되었다. 현지인들은 말한다. "언제 우리가 이런 것을 갖다 달라고 했나."라고. 이 사례는 적정기술의 개발과 보급에 신중해야 함을 시사한다.

① 실패는 전달되는 중에 항상 축소된다.

② 실패를 비난·추궁할수록 더 큰 실패를 낳는다.

③ 방치해놓은 실패는 성장한다.

④ 성공은 99%의 실패로부터 얻은 교훈과 1%의 영감으로 구성된다.

⑤ 좁게 보면 성공인 것이 전체를 보면 실패일 수 있다.

13 다음은 발명 기법인 SCAMPER 발상법의 7단계이다. 〈보기〉와 같은 사례는 어느 단계에 속하는가?

〈SCAMPER〉

S	C	A	M	P	E	R
대체하기	결합하기	조절하기	수정·확대·축소하기	용도 바꾸기	제거하기	역발상·재정리하기

─〈보기〉─

ㄱ 짚신 → 고무신 → 구두
ㄴ (스마트폰)=(컴퓨터)+(휴대폰)+(카메라)
ㄷ 화약 : 폭죽 → 총

	ㄱ	ㄴ	ㄷ		ㄱ	ㄴ	ㄷ
①	A	E	E	②	S	C	P
③	M	C	C	④	A	P	P
⑤	S	R	S				

14 서로 다른 직업을 가진 남자 2명과 여자 2명이 다음 〈조건〉에 맞게 원탁에 앉아있을 때, 설명으로 옳은 것은?

─〈조건〉─

- 네 사람의 직업은 각각 교사, 변호사, 자영업자, 의사이다.
- 네 사람은 각각 검은색 원피스, 파란색 자켓, 흰색 니트, 밤색 티셔츠를 입고 있으며, 이 중 검은색 원피스는 여자, 파란색 자켓은 남자가 입고 있다.
- 남자는 남자끼리, 여자는 여자끼리 인접해서 앉아 있다.
- 변호사는 흰색 니트를 입고 있다.
- 자영업자는 남자이다.
- 의사의 왼쪽 자리에 앉은 사람은 검은색 원피스를 입었다.
- 교사는 밤색 티셔츠를 입은 사람과 원탁을 사이에 두고 마주보고 있다.

① 교사와 의사는 원탁을 사이에 두고 마주보고 있다.
② 변호사는 남자이다.
③ 밤색 티셔츠를 입은 사람은 여자이다.
④ 의사는 파란색 자켓을 입고 있다.
⑤ 검은색 원피스를 입은 여자는 자영업자의 옆에 앉아 있다.

사회 현상을 볼 때는 돋보기로 세밀하게, 그리고 때로는 멀리 떨어져서 전체 속에 어떻게 위치하고 있는가를 동시에 봐야 한다. 숲과 나무는 서로 다르지만 따로 떼어 생각할 수 없기 때문이다. 현대 사회 현상의 최대 쟁점인 과학 기술에 대해 평가할 때도 마찬가지이다. 로봇 탄생의 숲을 보면, 그 로봇 개발에 투자한 사람과 로봇을 개발한 사람들의 의도가 드러난다. 그리고 나무인 로봇을 세밀히 보면, 그 로봇이 생산에 이용되는지 아니면 감옥의 죄수들을 감시하기 위한 것인지 그 용도를 알 수가 있다. 이 광범한 기술의 성격을 객관적이고 물질적이어서 가치관이 없다고 쉽게 생각하면 로봇에 당하기 십상이다.

자동화는 자본주의의 실업을 늘려 실업자에 대해 생계의 위협을 가하는 측면뿐 아니라, 기존 근로자에 대한 감시를 더욱 효율적으로 해내는 역할도 수행한다. 자동화를 적용하는 기업 측에서는 자동화가 인간의 삶을 증대시키는 이미지로 일반 사람들에게 인식되기를 바란다. 그래야 자동화 도입에 대한 노동자의 반발을 무마하고 기업가의 구상을 관철시킬 수 있기 때문이다. 그러나 자동화나 기계화 도입으로 인해 실업을 두려워하고, 업무 내용이 바뀌는 것을 탐탁해 하지 않았던 유럽의 노동자들은 자동화 도입에 대해 극렬히 반대했던 경험들을 갖고 있다.

지금도 자동화·기계화는 좋은 것이라는 고정관념을 가진 사람들이 많고, 현실에서 이러한 고정관념이 가져오는 파급 효과는 의외로 크다. 예를 들어 은행에 현금을 자동으로 세는 기계가 등장하면 은행원들이 현금을 세는 작업량은 줄어든다. 손님들도 기계가 현금을 재빨리 세는 것을 보고 감탄해 하면서 행원이 세는 것보다 더 많은 신뢰를 보낸다. 그러나 현금 세는 기계의 도입에는 이익 추구라는 의도가 숨어 있다. 현금 세는 기계는 행원의 수고를 덜어 준다. 그러나 현금 세는 기계를 들여옴으로써 실업자가 생기고 만다. 사람이 잘만 이용하면 잘 써먹을 수 있을 것만 같은 기계가 엄청나게 혹독한 성품을 지닌 프랑켄슈타인으로 돌변하는 것이다.

자동화와 정보화를 추진하는 핵심 조직이 기업이란 것에서도 알 수 있듯이 기업은 이윤 추구에 도움이 되지 않는 행위는 무가치하다고 판단한다. 그러므로 자동화는 그 계획 단계에서부터 기업의 의도가 스며들어가 탄생된다. 또한 그 의도대로 자동화나 정보화가 진행되면, 다른 한편으로 의도하지 않은 결과를 초래한다. 자동화와 같은 과학 기술이 풍요를 생산하는 수단이라고 생각하는 것은 하나의 고정관념에 불과하다.

채플린이 제작한 영화 〈모던 타임즈〉에 나타난 것처럼 초기 산업화 시대에는 기계에 종속된 인간의 모습이 가시적으로 드러날 수밖에 없었다. 그래서 이러한 종속에 저항하고자 하는 인간의 노력도 적극적인 모습을 보였다. 그러나 현대의 자동화기기는 그 첨병이 정보 통신기기로 바뀌면서 문제는 질적으로 달라진다. 무인 생산까지 진전된 자동화나 정보 통신화는 인간에게 단순 노동을 반복시키는 그런 모습을 보이지 않는다. 그래서인지는 몰라도 정보 통신은 별 무리 없이 어느 나라에서나 급격하게 개발·보급되고 보편화되어 있다. 그런데 문제는 이 자동화기기가 생산에만 이용되는 것이 아니라, 노동자를 감시하거나 관리하는 데도 이용될 수 있다는 것이다. 오히려 정보 통신의 발달로 이전보다 사람들은 더 많은 감시와 통제를 받게 되었다.

① 기업의 이윤 추구가 사회 복지 증진과 직결될 수 있음을 간과하고 있어.
② 기계화·정보화가 인간의 삶의 질 개선에 기여하고 있음을 경시하고 있어.
③ 기계화를 비판하는 주장만 되풀이할 뿐, 구체적인 근거를 제시하지 않고 있어.
④ 화제의 부분적 측면에 관계된 이론을 소개하여 편향적 시각을 갖게 하고 있어.
⑤ 현대의 기술 문명이 가져다 줄 수 있는 긍정적인 측면을 과장하여 강조하고 있어.

16 다음 글의 내용이 참일 때, 반드시 거짓인 것은?

> 갑, 을, 병, 정, 무는 P부서에 근무하고 있다. 이 부서에서는 Z공사와의 업무 협조를 위해 지방의 네 지역으로 직원을 출장 보낼 계획을 수립하였다. 원활한 업무 수행을 위해서, 모든 출장은 갑~무 중 두 명 또는 세 명으로 구성된 팀 단위로 이루어진다. 네 팀이 구성되어 네 지역에 각각 한 팀씩 출장이 배정되며, 네 지역 출장 날짜는 모두 다르다. 모든 직원은 최소한 한 번 출장에 참가한다. 이번 출장 업무를 총괄하는 직원은 단 한 명밖에 없으며, 그는 네 지역 모두의 출장에 참가한다. 더불어 업무 경력을 고려하여, 단 한 지역의 출장에만 참가하는 것은 신입사원으로 제한한다. P부서에 근무하는 신입사원은 한 명밖에 없다. 이런 기준 아래에서 출장 계획을 수립한 결과, 을은 갑과 단둘이 가는 한 번의 출장 이외에 다른 어떤 출장도 가지 않으며, 병과 정이 함께 출장을 가는 경우는 단 한 번밖에 없다. 그리고 네 지역 가운데 광역시가 두 곳인데, 단 두 명의 직원만이 두 광역시 모두에 출장을 간다.

① 갑은 이번 출장 업무를 총괄하는 직원이다.
② 을은 광역시에 출장을 가지 않는다.
③ 병이 갑, 무와 함께 출장을 가는 지역이 있다.
④ 정은 총 세 곳에 출장을 간다.
⑤ 무가 출장을 가는 지역은 두 곳이고 그 중 한 곳은 정과 함께 간다.

17 다음 문제해결절차에 따라 (가) ~ (마)를 순서대로 바르게 나열한 것은?

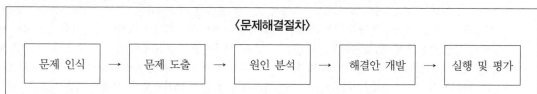

〈문제해결절차〉

문제 인식 → 문제 도출 → 원인 분석 → 해결안 개발 → 실행 및 평가

(가) 파악된 핵심문제에 대한 분석을 통해 근본 원인을 도출한다.
(나) 실행계획을 실제 상황에 적용하는 활동으로 당초 장애가 되는 문제의 원인들을 해결안을 사용하여 제거한다.
(다) 해결해야 할 전체 문제를 파악하여 우선순위를 정하고, 선정 문제에 대한 목표를 명확히 한다.
(라) 문제로부터 도출된 근본 원인을 효과적으로 해결할 수 있는 최적의 해결방안을 수립한다.
(마) 선정된 문제를 분석하여 해결해야 할 것이 무엇인지를 명확히 한다.

① (가) – (나) – (다) – (라) – (마)
② (나) – (마) – (가) – (라) – (다)
② (다) – (가) – (마) – (나) – (라)
④ (다) – (마) – (가) – (라) – (나)
⑤ (라) – (다) – (마) – (가) – (나)

18 다음은 K공사의 연도별 재무자료이다. 자료에 대한 설명으로 옳지 않은 것은?

〈K공사 연도별 재무자료〉

(단위 : 억 원, %)

연도	자산	부채	자본	부채 비율
2011년	41,298	15,738	25,560	61.6
2012년	46,852	23,467	23,385	100.4
2013년	46,787	21,701	25,086	86.5
2014년	50,096	23,818	26,278	80.6
2015년	60,388	26,828	33,560	79.9
2016년	64,416	30,385	34,031	89.3
2017년	73,602	39,063	34,539	113.1
2018년	87,033	52,299	34,734	150.6
2019년	92,161	55,259	36,902	149.7
2020년	98,065	56,381	41,684	135.3

① A : K공사의 자본금은 2015년에 전년 대비 7,000억 원 이상 증가했는데, 이는 10년간 자본금 추이를 볼 때 두드러진 변화야.

② B : 부채 비율이 전년 대비 가장 많이 증가한 해는 2012년이네.

③ C : 10년간 평균 부채 비율은 90% 미만이야.

④ D : 2020년의 자산과 자본은 10년 중 가장 많았지만, 그만큼 부채도 가장 많았네.

⑤ E : K공사의 자산과 부채는 2013년부터 8년간 꾸준히 증가했어.

〈이메일 교신건수〉

(단위 : 건)

발신자 \ 수신자	A	B	C	D	E	F	G	합계
A		15	0	7	0	9	4	35
B	8		4	8	0	2	0	22
C	0	2		2	8	0	1	13
D	4	3	2		0	3	2	14
E	10	7	0	3		12	4	36
F	4	6	18	22	9		2	61
G	2	12	8	4	3	9		38
합계	28	45	32	46	20	35	13	219

※ 한 달 동안 A가 B에게 보낸 이메일은 15건이며, A가 B로부터 받은 이메일은 8건이다.
※ 자신에게 보내는 이메일은 없다고 가정한다.

〈이메일 교신용량〉

(단위 : Mb)

발신자 \ 수신자	A	B	C	D	E	F	G	합계
A		35	0	13	0	27	12	87
B	11		6	26	0	5	0	48
C	0	9		2	30	0	3	44
D	15	6	6		0	14	1	42
E	24	15	0	11		32	17	99
F	7	22	36	64	38		5	172
G	1	16	38	21	5	42		123
합계	58	103	86	137	73	120	38	615

※ 한 달 동안 A가 B에게 보낸 이메일의 총 용량은 35Mb이며, A가 B로부터 받은 이메일의 총 용량은 11Mb이다.

19 다음 중 자료를 판단한 내용으로 옳지 않은 것은?

① C와 D 사이의 이메일 교환건수는 동일하다.

② 수신용량이 가장 많은 사람과 발신용량이 가장 적은 사람의 용량 차이는 95Mb 이상이다.

③ 수신건수가 가장 많은 사람과 발신건수가 가장 적은 사람은 일치한다.

④ F가 송수신한 용량은 전체 이메일 송수신 총량의 20% 이상이다.

⑤ 두 사람 간 이메일 교신용량이 가장 많은 사람은 D와 F이다.

20 F가 D에게 보낸 메일의 평균 용량과 E가 G에게 보낸 메일의 평균 용량의 차이는 얼마인가?(단, 평균은 소수점 이하 셋째 자리에서 반올림한다)

① 0.84Mb

② 1.34Mb

③ 1.51Mb

④ 1.70Mb

⑤ 2.00Mb

21 다음은 A ~ E 5개국의 경제 및 사회 지표 자료이다. 자료에 대한 설명 중 옳지 않은 것은?

〈주요 5개국의 경제 및 사회 지표〉

구분	1인당 GDP(달러)	경제성장률(%)	수출(백만 달러)	수입(백만 달러)	총인구(백만 명)
A	27,214	2.6	526,757	436,499	50.6
B	32,477	0.5	624,787	648,315	126.6
C	55,837	2.4	1,504,580	2,315,300	321.8
D	25,832	3.2	277,423	304,315	46.1
E	56,328	2.3	188,445	208,414	24.0

※ (총 GDP)=(1인당 GDP)×(총인구)

① 경제성장률이 가장 큰 나라가 총 GDP는 가장 작다.

② 총 GDP가 가장 큰 나라의 GDP는 가장 작은 나라의 GDP보다 10배 이상 더 크다.

③ 5개국 중 수출과 수입에 있어서 규모에 따라 나열한 순위는 서로 일치한다.

④ A국이 E국보다 총 GDP가 더 크다.

⑤ 1인당 GDP에 따른 순위와 총 GDP에 따른 순위는 서로 일치한다.

22 남성 정장 제조 전문회사에서 20대를 위한 캐주얼 SPA 브랜드에 신규 진출하려고 한다. 귀하는 3C 분석 방법을 취하여 다양한 자료를 조사했으며, 다음과 같은 분석내용을 도출하였다. 자사에서 추진하려는 신규 사업 계획의 타당성에 대해서 올바르게 설명한 것은?

3C	상황분석
고객(Customer)	• 40대 중년 남성을 대상으로 한 정장 시장은 정체 및 감소 추세 • 20대 캐주얼 및 SPA 시장은 매년 급성장
경쟁사(Competitor)	• 20대 캐주얼 SPA 시장에 진출할 경우, 경쟁사는 글로벌 및 토종 SPA 기업, 캐주얼 전문 기업 외에도 비즈니스 캐주얼, 아웃도어 의류 기업도 포함 • 경쟁사들은 브랜드 인지도, 유통망, 생산 등에서 차별화된 경쟁력을 가짐 • 경쟁사 중 상위업체는 하위업체와의 격차 확대를 위해 파격적 가격 정책과 20대 지향 디지털마케팅 전략을 구사
자사(Company)	• 신규 시장 진출 시 막대한 마케팅 비용 발생 • 낮은 브랜드 인지도 • 기존 신사 정장 이미지 고착 • 유통과 생산 노하우 부족 • 디지털마케팅 역량 미흡

① 20대 SPA 시장이 급성장하고, 경쟁이 치열해지고 있지만, 자사의 유통 및 생산 노하우로 가격경쟁력을 확보할 수 있으므로 신규 사업을 추진하는 것이 바람직하다.

② 40대 중년 정장 시장은 감소 추세에 있으므로 새로운 수요발굴이 필요하며, 기존의 신사 정장 이미지를 벗어나 20대 지향 디지털마케팅 전략을 구사하면 신규 시장의 진입이 가능하므로 신규 사업을 진행하는 것이 바람직하다.

③ 20대 SPA 시장이 급성장하고 있지만, 하위업체의 파격적인 가격정책을 이겨 내기에 막대한 비용이 발생하므로 신규 사업 진출은 적절하지 않다.

④ 20대 SPA 시장은 계속해서 성장하고 매력적이지만, 경쟁이 치열하고 경쟁자의 전략이 막강하다. 이에 비해 자사의 자원과 역량은 부족하여 신규 사업 진출은 하지 않는 것이 바람직하다.

⑤ 브랜드 경쟁력을 유지하기 위해서는 20대 SPA 시장 진출이 필요하며, 파격적 가격정책을 도입하면 자사의 높은 브랜드 이미지와 시너지 효과를 낼 수 있기에 신규 사업을 진행하는 것이 바람직하다.

※ 다음은 호텔별 연회장 대여 현황에 대한 자료이다. 자료를 보고 이어지는 질문에 답하시오. [23~24]

〈호텔별 연회장 대여 현황〉

건물	연회장	대여료	수용 가능 인원	회사로부터 거리	비고
A호텔	연꽃실	140만 원	200명	6km	2시간 이상 대여 시 추가비용 40만 원
B호텔	백합실	150만 원	300명	2.5km	1시간 초과 대여 불가능
C호텔	매화실	150만 원	200명	4km	이동수단 제공
C호텔	튤립실	180만 원	300명	4km	이동수단 제공
D호텔	장미실	150만 원	250명	4km	–

23 총무팀에 근무하고 있는 이 대리는 김 부장에게 다음과 같은 지시를 받았다. 이 대리가 연회장 예약을 위해 지불해야 하는 예약금은 얼마인가?

> 다음 주에 있을 회사창립 20주년 기념행사를 위해 준비해야 할 것들 알려줄게요. 먼저 다음 주 금요일 오후 6시부터 오후 8시까지 사용 가능한 연회장 리스트를 뽑아서 행사에 적합한 연회장을 예약해 주세요. 연회장 대여를 위한 예산은 160만 원이고, 회사에서의 거리가 가까워야 직원들이 이동하기에 좋을 것 같아요. 행사 참석 인원은 240명이고, 이동수단을 제공해 준다면 우선적으로 고려하도록 하세요. 예약금은 대여료의 10%라고 하니 예약 완료하고 지불하도록 하세요.

① 14만 원   ② 15만 원
③ 16만 원   ④ 17만 원
⑤ 18만 원

24 회사창립 20주년 기념행사의 연회장 대여 예산이 200만 원으로 증액된다면, 이 대리는 어떤 연회장을 예약하겠는가?

① A호텔 연꽃실   ② B호텔 백합실
③ C호텔 매화실   ④ C호텔 튤립실
⑤ D호텔 장미실

25 음료수를 생산하는 A회사의 SWOT 분석을 실시하기 위해 다음과 같이 조직 환경을 분석하였다. 다음 중 SWOT 분석의 정의에 따라 분석결과를 올바르게 분류한 것은?

ⓐ 생수시장 및 기능성 음료 시장의 급속한 성장
ⓑ 확고한 유통망(유통채널상의 지배력이 크다)
ⓒ 새로운 시장모색의 부족
ⓓ 경기 회복으로 인한 수요의 회복 추세
ⓔ 무역자유화(유통시장 개방, 다국적 기업의 국내진출)
ⓕ 종합식품업체의 음료시장 잠식
ⓖ 짧은 제품주기(마케팅비용의 증가)
ⓗ 지구온난화 현상(음료 소비 증가)
ⓘ 과다한 고정 / 재고비율로 인한 유동성 하락
ⓙ 계절에 따른 불규칙한 수요
ⓚ 대형할인점의 등장으로 인한 가격인하 압박 증가
ⓛ 매출액 대비 경상이익률의 계속적인 증가
ⓜ 국내 브랜드로서의 확고한 이미지
ⓝ 합병으로 인해 기업 유연성의 하락
ⓞ 주력 소수 제품에 대한 매출의존도 심각(탄산, 주스 음료가 많은 비중 차지)
ⓟ 경쟁업체에 비해 취약한 마케팅능력과 홍보력

① 강점(S) : ⓑ, ⓓ, ⓗ
　약점(W) : ⓒ, ⓔ, ⓘ, ⓝ, ⓟ
　기회(O) : ⓐ, ⓛ, ⓜ
　위협(T) : ⓕ, ⓖ, ⓙ, ⓞ, ⓚ

② 강점(S) : ⓑ, ⓛ, ⓜ
　약점(W) : ⓒ, ⓘ, ⓝ, ⓞ, ⓟ
　기회(O) : ⓐ, ⓓ, ⓗ
　위협(T) : ⓔ, ⓕ, ⓖ, ⓙ, ⓚ

③ 강점(S) : ⓐ, ⓛ, ⓜ
　약점(W) : ⓒ, ⓔ, ⓘ, ⓝ
　기회(O) : ⓑ, ⓓ, ⓗ
　위협(T) : ⓕ, ⓖ, ⓙ, ⓞ, ⓟ, ⓚ

④ 강점(S) : ⓑ, ⓛ, ⓜ
　약점(W) : ⓔ, ⓕ, ⓖ, ⓙ, ⓝ
　기회(O) : ⓐ, ⓓ, ⓗ
　위협(T) : ⓒ, ⓘ, ⓞ, ⓟ, ⓚ

⑤ 강점(S) : ⓑ, ⓓ, ⓗ
　약점(W) : ⓒ, ⓘ, ⓝ, ⓞ, ⓟ
　기회(O) : ⓐ, ⓛ, ⓜ
　위협(T) : ⓔ, ⓕ, ⓖ, ⓙ, ⓚ

26 다음 중 완화곡선의 종류로 보기 어려운 것은?

① 3차 포물선
② 클로소이드 곡선
③ 사인 반 파장 완화곡선
④ 렘니스케이트 곡선
⑤ 래퍼곡선

27 다음 중 (A) ~ (C)에 들어갈 수치와 용어로 적절한 것은?

> 표준궤간은 궤간거리가 표준치인 ___(A)___ mm인 것을 뜻한다. 세계 각국의 대다수가 표준궤간을 사용하고 있으며, 표준궤간보다 좁은 것을 ___(B)___ 라 하고 이보다 넓은 것을 ___(C)___ 라고 한다.

	(A)	(B)	(C)		(A)	(B)	(C)
①	1,435	협궤	광궤	②	1,535	협궤	광궤
③	1,435	광궤	협궤	④	1,535	광궤	협궤
⑤	1,635	광궤	협궤				

28 다음 중 일반철도의 궤도보수 점검에 대한 설명으로 옳지 않은 것은?

① 본선의 경우 분기당 1회의 궤도검측차 점검을 시행한다.
② 본선의 경우 반기당 1회 이상의 인력 점검을 시행한다.
③ 주요선구 본선의 경우 월 1회 이상의 선로점검차 점검을 시행한다.
④ 기타선구 본선의 경우 반기당 1회의 선로점검차 점검을 시행한다.
⑤ 주요선구 본선의 경우 2주당 1회 이상의 차상진동가속도 측정 점검을 시행한다.

29 다음 중 장주를 가장 잘 나타낸 것은?

① 중심축하중에 의한 직응력에 의해서 파괴되는 기둥
② 편심하중에 의한 직응력 및 휨응력에 의해서 파괴되는 기둥
③ 주로 탄성좌굴에 의해서 파괴되는 기둥
④ 주로 휨응력에 의해서 파괴되는 기둥
⑤ 주로 비틀림응력에 의해서 파괴되는 기둥

30 도수 및 송수관로 중 일부분이 동수경사선보다 높은 경우 조치할 수 있는 방법으로 옳은 것은?

① 상류 측에 대해서는 관경을 작게 하고, 하류 측에 대해서는 관경을 크게 한다.
② 상류 측에 대해서는 관경을 작게 하고, 하류 측에 대해서는 접합정을 설치한다.
③ 상류 측에 대해서는 관경을 크게 하고, 하류 측에 대해서는 관경을 작게 한다.
④ 상류 측에 대해서는 관경을 크게 하고, 하류 측에 대해서도 관경을 크게 한다.
⑤ 상류 측에 대해서는 접합정을 설치하고, 하류 측에 대해서는 관경을 크게 한다.

31 다음 중 휨응력의 정의로 옳은 것은?

① 휨모멘트에 의해서 부재의 한 단면 위에 일어나는 접선 응력을 가리킨다.
② 휨모멘트에 의해서 부재의 한 단면 위에 일어나는 전단 응력을 가리킨다.
③ 휨모멘트에 의해서 부재의 한 단면 위에 일어나는 인장 응력을 가리킨다.
④ 휨모멘트에 의해서 부재의 한 단면 위에 일어나는 법선 응력을 가리킨다.
⑤ 휨모멘트에 의해서 부재의 한 단면 위에 일어나는 굽힘 응력을 가리킨다.

32 도심을 지나는 X, Y축에 대한 단면 상승 모멘트의 값으로 옳은 것은?

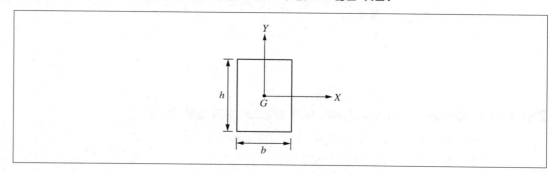

① 0

② $\dfrac{b^2 h^2}{2}$

③ $\dfrac{b^2 h^2}{4}$

④ $\dfrac{b^2 h^2}{6}$

⑤ $\dfrac{b^2 h^2}{8}$

33 고성토의 제방에서 전단파괴가 발생되기 전에 제방의 외측에 흙을 돋우어 활동에 대한 저항모멘트를 증대시켜 전단파괴를 방지하는 공법은?

① 프리로딩 공법
② 압성토 공법
③ 치환 공법
④ 대기압 공법
⑤ 페이퍼드레인 공법

34 흙의 투수계수에 영향을 미치는 요소들로만 구성된 것은?

ㄱ. 흙입자의 크기	ㄴ. 간극비
ㄷ. 흙의 비중	ㄹ. 활성도
ㅁ. 물의 점성계수	ㅂ. 포화도

① ㄱ, ㄴ, ㄹ, ㅂ   ② ㄱ, ㄴ, ㅁ, ㅂ
③ ㄱ, ㄴ, ㄹ, ㅁ   ④ ㄴ, ㄷ, ㅁ, ㅂ
⑤ ㄴ, ㄷ, ㄹ, ㅂ

35 다음 중 철근 콘크리트 보에 배치되는 철근의 순간격에 대한 설명으로 옳지 않은 것은?

① 동일 평면에서 평행한 철근 사이의 수평 순간격은 25mm 이상이어야 한다.
② 상단과 하단에 2단 이상으로 배치된 경우 상하 철근의 순간격은 25mm 이상으로 하여야 한다.
③ 철근의 순간격에 대한 규정은 서로 접촉된 겹침이음 철근과 인접된 이음철근 또는 연속철근 사이의 순간격에도 적용하여야 한다.
④ 벽체 또는 슬래브에서 휨 주철근의 간격은 벽체나 슬래브 두께의 2배 이하로 하여야 한다.
⑤ 철근 콘크리트 부재의 철근을 설계 배치하는 경우에 현장에서의 시공성 및 충분한 부착성을 확보하기 위하여 정해진 철근의 간격이다.

36 수준측량의 야장 기입법 중 가장 간단한 방법으로 전시와 후시만 있으면 되는 것은?

① 고차식   ② 교호식
③ 기고식   ④ 승강식
⑤ 계수식

37 보의 탄성변형에서 내력이 한 일을 그 지점의 반력으로 1차 편미분한 것은 '0'이 된다는 정리는 다음 중 어느 것인가?

① 중첩의 원리   ② 맥스웰베티의 상반원리
③ 최소일의 원리   ④ 카스틸리아노의 제1정리
⑤ 테브난의 정리

38 다음 중 접합정(接合井 : Junction Well)에 대한 설명으로 옳은 것은?

① 수로에 유입한 토사류를 침전시켜서 이를 제거하기 위한 시설이다.
② 종류가 다른 도수관 또는 도수거의 연결 시, 도수관 또는 도수거의 수압을 조정하기 위하여 그 도중에 설치하는 시설이다.
③ 양수장이나 배수지에서 유입수의 수위 조절과 양수를 위하여 설치한 작은 우물이다.
④ 배수지의 유입지점과 유출지점의 부근에 수질을 감시하기 위하여 설치하는 시설이다.
⑤ 하천둑의 내외지, 하천부지, 호수와 늪 부근의 복류수를 취수할 때 설치하는 시설이다.

39 다음 중 궤도계수를 증가시키는 방법으로 볼 수 없는 것은?

① 도상두께를 증가시킨다.
② 강화노반을 사용한다.
③ 탄성 체결장치를 사용한다.
④ 레일과 침목을 경량화한다.
⑤ 양호한 도상재료를 사용한다.

40 다음 중 최소 곡선반경을 축소하는 경우로 옳지 않은 것은?

① 정거장의 전후구간 등 부득이한 경우 설계속도가 70km/h 이하라면 250m까지 축소할 수 있다.
② 정거장의 전후구간 등 부득이한 경우 설계속도가 100km/h라면 300m까지 축소할 수 있다.
③ 고속철도전용선의 경우 주본선 및 부본선은 1,000m까지 축소할 수 있다.
④ 고속철도전용선의 경우 회송선 및 착발선은 800m까지 축소할 수 있다.
⑤ 정거장의 전후구간 등 부득이한 경우 설계속도가 180km/h라면 600m까지 축소할 수 있다.

41 다음 중 금속 산화물이 알루미늄에 의해 탈산될 때의 강한 반응열을 이용해서 하는 용접 방법은?

① 가스압접 용접
② 테르밋 용접
③ 플래시버트 용접
④ 전기저항 용접
⑤ 엔크로즈드아크 용접

42 다음 〈보기〉의 ㉠ ~ ㉢이 설명하는 레일의 종류가 바르게 연결된 것은?

―――――〈보기〉―――――
㉠ 길이가 25m 초과 200m 미만인 레일   ㉡ 길이가 200m 이상인 레일
㉢ 길이가 25m 미만인 레일   ㉣ 길이가 25m인 표준 레일

	㉠	㉡	㉢	㉣
①	장대레일	정척레일	단척레일	장척레일
②	단척레일	장척레일	정척레일	장대레일
③	정척레일	장척레일	단척레일	장대레일
④	장척레일	장대레일	정척레일	단척레일
⑤	장척레일	장대레일	단척레일	정척레일

43 다음 중 객차조차장의 위치에 대한 설명으로 적절하지 않은 것은?

① 공장 또는 기타 시설과의 출입이 편리하여야 한다.

② 여객역, 기관차승무사업소 등과 떨어져 있어야 한다.

③ 구내가 평탄하여 투시가 양호한 곳이어야 한다.

④ 공차회송의 경우 원거리열차는 객차조차장과 여객역 간의 거리가 10km 이내이어야 한다.

⑤ 공차회송의 경우 근거리열차는 객차조차장과 여객역 간의 거리가 5km 이내이어야 한다.

44 다음 중 유효장 확보에 대한 설명으로 옳지 않은 것은?

① 전기동차나 디젤동차를 전용 운전하는 선로의 경우 유효장에서 기관차 길이는 제외된다.

② 유효장은 출발신호기로부터 신호 주시거리, 과주 여유거리, 기관차 길이, 여객열차 편성 길이 및 레일 절연이음매로부터의 제동 여유거리를 더한 길이보다 길어야 한다.

③ 차막이가 있는 경우 본선의 유효장을 차량접촉한계표 또는 출발신호기에서 차막이의 연결기반이 전면 위치까지 확보해야 한다.

④ 출발신호기가 있는 경우 본선의 유효장을 해당 선로의 차량접촉한계표에서 출발신호기의 위치까지 확보해야 한다.

⑤ 선로의 끝에 차막이가 있는 경우 측선의 유효장을 차량접촉한계표에서 차막이의 연결기반이 후면까지 확보해야 한다.

45 다음 도형(빗금 친 부분)의 X축에 대한 단면 1차 모멘트는?

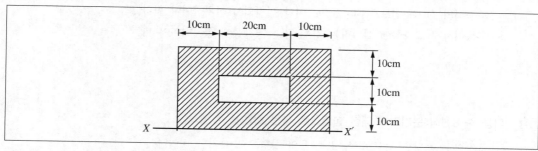

① $5,000\text{cm}^3$

② $10,000\text{cm}^3$

③ $15,000\text{cm}^3$

④ $20,000\text{cm}^3$

⑤ $25,000\text{cm}^3$

46 다음 중 토적곡선(Mass Curve)을 작성하는 목적으로 가장 거리가 먼 것은?

① 토량의 운반거리 산출

② 토공기계의 선정

③ 토량의 배분

④ 교통량 산정

⑤ 시공방법의 선정

47 다음 중 나선철근으로 둘러싸인 압축부재의 축방향 주철근의 최소 개수는?

① 3개   ② 4개

③ 5개   ④ 6개

⑤ 7개

48 다음 중 터널에 대한 설명으로 옳지 않은 것은?

① 최근에 건설되는 대부분의 터널은 난형을 채택하고 있다.

② 터널은 암반의 탄성파 속도의 대소에 따라 굴착공법을 선정하는 것이 일반적이다.

③ 원형은 구조적으로 가장 안전하며, 시공이 쉽고 굴착면적이 작아 경제적이다.

④ 터널을 굴착하게 되면 터널 주변에 응력과 변형이 발생하므로 이를 위하여 복공이 필요하게 된다.

⑤ 터널의 굴착 중에는 먼지, 매연, 지열, 기계의 열기, 산소결핍 등이 발생하므로 집중방식이나 직렬방식에 의해 환기를 해야 한다.

49 다음 중 신축이음매 설치 기준으로 옳지 않은 것은?

① 상호 간의 최소거리는 100m 이상으로 해야 한다.

② 분기기로부터 100m 이상 이격되어 설치하여야 한다.

③ 완화곡선의 시ㆍ종점으로부터 100m 이상 이격되어 설치하여야 한다.

④ 종곡선의 시ㆍ종점으로부터 100m 이상 이격되어 설치하여야 한다.

⑤ 부득이하게 교량상에 설치하는 경우 단순 경간상에 설치하여야 한다.

50 다음 중 3선식 분기기에 대한 설명으로 옳은 것은?

① 직선에서 적당한 각도로 좌 또는 우의 방향으로 분기한 것이다.

② 직선 궤도로부터 좌우로 등각으로 분기한 것이다.

③ 곡선 궤도에서 분기선을 곡선 내측으로 분기시킨 것이다.

④ 하나의 궤도를 3방향으로 나누는 분기기이다.

⑤ 궤간이 다른 두 궤도가 병용되는 궤도에 사용하는 것이다.

제4회
코레일 한국철도공사 토목직

NCS 직업기초능력평가 +
직무수행능력평가

〈문항 및 시험시간〉

평가영역	문항 수	시험시간	모바일 OMR 답안분석
의사소통능력+수리능력+문제해결능력+토목일반	50문항	60분	

제4회 모의고사

문 항 수 : 50문항
시험시간 : 60분

| 01 | 직업기초능력평가

※ 평소 환경에 관심이 많은 A씨는 인터넷에서 다음과 같은 글을 보았다. 글을 읽고 이어지는 질문에 답하시오.
[1~2]

마스크를 낀 사람들이 더는 낯설지 않다. "알프스나 남극 공기를 포장해 파는 시대가 오는 게 아니냐."는 농담을 가볍게 웃어넘기기 힘든 상황이 되었다. 황사·미세먼지·초미세먼지·오존·자외선 등 한 번 외출할 때마다 꼼꼼히 챙겨야 할 것들이 한둘이 아니다. 중국과 인접한 우리나라의 환경오염 피해는 더욱 심각한 상황이다. 지난 4월 3일 서울의 공기품질은 최악을 기록한 인도 델리에 이어 불명예 2위를 차지했다.

또렷한 환경오염은 급격한 기후변화의 촉매제가 되고 있다. 지난 1912년 이후 지구의 연평균 온도는 꾸준히 상승해 평균 0.75℃가 올랐다. 우리나라는 세계적으로 유래를 찾아보기 어려울 만큼 연평균 온도가 100여 년간 1.8℃나 상승했으며, 이는 지구 평균치의 2배를 웃도는 수치이다. 기온 상승은 다양한 부작용을 낳고 있다. 1991부터 2010년까지 20여 년간 폭염일수는 8.2일에서 10.5일로 늘어났고, 열대야지수는 5.4일에서 12.5일로 증가했다. 1920년대에 비해 1990년대 겨울은 한 달이 짧아졌다. 이러한 이상 기온은 우리 농어촌에 악영향을 끼칠 수밖에 없다.

기후변화와 더불어, 세계 인구의 폭발적 증가는 식량난 사태로 이어지고 있다. 일부 저개발 국가에서는 굶주림이 일반화되고 있다. 올해 4월을 기준으로 전 세계 인구수는 74억 9,400만 명을 넘어섰다. 인류 역사상 가장 많은 인류가 지구에 사는 셈이다. 이 추세대로라면 오는 2050년에는 97억 2,500만 명을 넘어설 것으로 전망된다. 한정된 식량 자원과 급증하는 지구촌 인구수 앞에 결과는 불을 보듯 뻔하다. 곧 글로벌 식량위기가 가시화될 전망이다. 우리나라는 식량의 75% 이상을 해외에서 조달하고 있다. 이는 국제 식량가격의 급등이 식량안보 위협으로 이어질 수도 있음을 뜻한다. 미 국방성은 '수백만 명이 사망하는 전쟁이나 자연재해보다 기후변화가 가까운 미래에 더 심각한 재앙을 초래할 수 있다.'는 내용의 보고서를 발표하였다.

이뿐 아니라 식량이 부족한 상황에서 식량의 질적 문제도 해결해야 할 과제이다. 삶의 질을 중시하면서 친환경적인 안전 먹거리에 대한 관심과 수요는 증가하고 있지만, 급변하는 기후변화와 부족한 식량자원은 식량의 저질화로 이어질 가능성을 높이고 있다. 일손 부족 등으로 인해 친환경 먹거리 생산의 대량화 역시 쉽지 않은 상황이다.

01 다음 중 글의 주제로 올바른 것은?

① 지구온난화에 의한 기후변화의 징조
② 환경오염에 따른 기후변화가 우리 삶에 미치는 영향
③ 기후변화에 대처하는 자세
④ 환경오염을 예방하는 방법
⑤ 환경오염과 인구증가의 원인

02 다음 중 A씨가 글을 읽고 이해한 것으로 올바른 것은?

① 기후변화는 환경오염의 촉매제가 되어 우리 농어촌에 악영향을 끼치고 있다.
② 알프스나 남극에서 공기를 포장해 파는 시대가 도래하였다.
③ 세계인구의 폭발적인 증가는 저개발 국가의 책임이 크다.
④ 우리나라의 식량자급률 특성상 기후변화가 계속된다면 식량난이 심각해질 것이다.
⑤ 친환경 먹거리는 급변하는 기후 속 식량난을 해결하는 방법의 하나이다.

03 다음의 대화에서 나타나는 의사소통의 특성은?

보라 : (독백) 매일 야근에 프로젝트 팀원들은 잘 도와주지도 않고, 남자친구와도 싸우고, 왜 이렇게 힘든 일이 많지? 너무 지치네.
정식 : 오, 보라야. 거기서 뭐해? 이번에 승진한 거 축하한다. 잘 지내고 있지?
보라 : 그럼요 과장님. 잘 지내고 있습니다. 감사합니다.
정식 : 보라는 항상 밝아서 좋아. 오늘 하루도 힘내고! 이따가 보자.
보라 : 네 감사합니다. 오후 미팅 때 뵐게요!

① 반성적 사고
② 고유성
③ 측정불가능성
④ 대화가능성
⑤ 체계성

안심Touch

04 다음은 국가별 지적재산권 출원 건수 및 비중에 대한 자료이다. 자료에 대한 설명으로 올바르지 않은 것은?

〈국가별 지적재산권 출원 건수 및 비중〉

(단위 : 건, %)

구분		2014년	2015년	2016년	2017년	2018년	2019년	2020년
한국	건수	4,686	5,945	7,064	7,899	8,035	9,669	9,292
	비중	3.43	3.97	4.42	4.84	5.17	5.88	5.75
일본	건수	24,870	27,025	27,743	28,760	29,802	32,150	35,331
	비중	18.19	18.06	17.35	17.62	19.18	19.57	21.85
중국	건수	2,503	3,942	5,455	6,120	7,900	12,296	14,318
	비중	1.83	2.63	3.41	3.75	5.08	7.48	8.86
독일	건수	15,991	16,736	17,821	18,855	16,797	17,568	16,675
	비중	11.69	11.18	11.14	11.55	10.81	10.69	10.31
프랑스	건수	5,742	6,256	6,560	7,072	7,237	7,245	6,474
	비중	4.20	4.18	4.10	4.33	4.66	4.41	4.00
미국	건수	26,882	51,280	54,042	51,642	45,625	45,000	43,076
	비중	34.28	34.27	33.79	31.64	29.36	27.39	26.64

① 한국의 지적재산권 출원 비중은 2020년을 제외하고는 매년 모두 증가하고 있는 추세이다.
② 2014년 대비 2020년 지적재산권 출원 비중이 가장 크게 증가한 국가는 중국이다.
③ 2014년 대비 2020년 지적재산권 출원 비중이 낮아진 국가는 모두 세 국가이다.
④ 매년 가장 큰 지적재산권 출원 비중을 차지하고 있는 국가는 미국이다.
⑤ 프랑스의 출원 건수는 한국의 출원 건수보다 매년 조금씩 많다.

05 A씨는 지난 주말 집에서 128km 떨어진 거리에 있는 할머니 댁을 방문했다. 차량을 타고 중간에 있는 휴게소까지는 시속 40km로 이동하였고, 휴게소부터 할머니 댁까지는 시속 60km로 이동하여 총 3시간 만에 도착하였다면, 집에서 휴게소까지의 거리는 얼마인가?(단, 휴게소에서 머문 시간은 포함하지 않는다)

① 24km
② 48km
③ 72km
④ 104km
⑤ 128km

오늘날의 정신없는 한국 사회 안에서 사람들은 가정도 직장도 아닌 제3의 공간, 즉 케렌시아와 같은 공간을 누구라도 갖고 싶어 할 것이다. '케렌시아(Querencia)'는 스페인어의 '바라다'라는 동사 '케레르(Querer)'에서 나왔다. 케렌시아는 피난처, 안식처, 귀소본능이라는 뜻으로, 투우장의 투우가 마지막 일전을 앞두고 홀로 잠시 숨을 고르는 자기만의 공간을 의미한다.

케렌시아를 의미하는 표현은 이전부터 쓰여 왔다. 미국 사회학자 폴라 에이머는 '맨케이브(주택의 지하, 창고 등 남성이 혼자서 작업할 수 있는 공간)'를 남성성의 마지막 보루라고 해석했다. 그리고 버지니아 울프는 『자기만의 방』에서 '여성이 권리를 찾기 위해서는 두 가지가 필요한데, 하나는 경제적 독립이며 또 다른 하나는 혼자만의 시간을 가질 수 있는 자기만의 방'이라고 표현했다.

이처럼 남자에게나 여자에게나 케렌시아와 같은 자기만의 공간이 필요한 것은 틀림없는 일이지만 경제적인 문제로 그런 공간을 갖는 것은 쉬운 일이 아니다. 그러나 그렇다고 아예 포기하고 살 수는 없다. 갖지 못해도 이용할 수 있는 방법을 찾아야 한다. 케렌시아가 내 아픈 삶을 위로해 준다면 기를 쓰고 찾아야 하지 않겠는가.

우리는 사실 케렌시아와 같은 공간을 쉽게 찾아볼 수 있다. 도심 속의 수면 카페가 그런 곳이다. 해먹에 누워 잠을 청하거나 안마의자를 이용해 휴식을 취할 수 있으며, 산소 캡슐 안에 들어가서 무공해 공기를 마시며 휴식을 취할 수도 있다. 오늘날 이러한 휴식을 위한 카페와 더불어 낚시 카페, 만화 카페, 한방 카페 등이 다양하게 생기고 있다.

즉 케렌시아는 힐링과 재미에 머무는 것이 아니라 능동적인 취미 활동을 하는 곳이고, 창조적인 활동을 하기 위한 공간으로 변모해 가고 있는 것이다. 최근에는 취업준비생들에게 명절 대피소로 알려진 북카페가 등장했으며, '퇴근길에 책 한 잔'이라는 곳에서는 '3프리(Free)존'이라고 하여 잔소리 프리, 눈칫밥 프리, 커플 프리를 표방하기도 한다. 이보다 더 진보한 카페는 '책맥 카페'이다. 책과 맥주가 있는 카페. 책을 읽으며 맥주를 마시고, 맥주를 마시며 책을 읽을 수 있는 공간이라면 누구라도 한번 가보고 싶지 않겠는가. 술과 책의 그 먼 거리를 이리도 가깝게 할 수 있다니 놀라울 따름이다.

또한 마음을 다독일 케렌시아가 필요한 사람들에게는 전시장, 음악회 등의 문화 현장에 가보라고 권하고 싶다. 예술 문화는 인간을 위로하는 데 효과적이기 때문이다. 이러한 예술 현장에서 케렌시아를 찾아낸다면 팍팍한 우리의 삶에서, 삶의 위기를 극복하는 다른 사람의 이야기를 들을 수 있고 꿈을 꿀 수 있을지도 모른다.

① 케렌시아는 취미 활동보다는 휴식과 힐링을 위한 공간임을 알 수 있다.
② 다양한 카페는 사람들에게 케렌시아를 제공한다.
③ 케렌시아와 많은 유사한 다른 표현이 있음을 알 수 있다.
④ 케렌시아는 휴식과 힐링을 위한 자기만의 공간을 의미한다고 볼 수 있다.
⑤ 전시장, 음악회 등 문화 현장에서 케렌시아를 찾을 수 있다.

우리가 어떤 개체의 행동이나 상태 변화를 설명하고 예측하고자 할 때는 물리적 태세, 목적론적 태세, 지향적 태세라는 전략을 활용할 수 있다. 소금을 물에 넣고, 물속의 소금에 어떤 변화가 일어날지 예측하기 위해서는 소금과 물 그리고 그것을 지배하는 물리적 법칙을 적용해야 한다. 이는 대상의 물리적 구성 요소와 그것을 지배하는 법칙을 통해 그 변화를 예측한 것이다. 이와 같은 전략을 '물리적 태세'라 한다.

'목적론적 태세'는 개체의 설계 목적이나 기능을 파악하여 그 행동을 설명하고 예측하는 전략이다. 가령 컴퓨터의 〈F8〉 키가 어떤 기능을 하는지 알기만 하면 〈F8〉 키를 누를 때 컴퓨터가 어떤 반응을 보일지 예측할 수 있다. 즉, 〈F8〉 키를 누르면 컴퓨터가 맞춤법을 검사할 것이라고 충분히 예측할 수 있다. 마지막으로 '지향적 태세'는 지향성의 개념을 사용하여 개체의 행동을 설명하고 예측하는 전략이다. 여기서 '지향성'이란 어떤 대상을 향한 개체의 의식, 신념, 욕망 등을 가리킨다.

가령 쥐의 왼쪽에 고양이가 나타났을 경우를 가정해 보자. 쥐의 행동을 예측하기 위해서는 어떤 전략을 사용해야 할까? 물리적 태세를 취해 쥐의 물리적 구성 요소나 쥐의 행동 양식을 지배하는 물리적 법칙을 파악할 수는 없다. 또한, 쥐가 어떤 기능이나 목적을 수행하도록 설계된 개체로 보기도 어려우므로 목적론적 태세도 취할 수 없다. 따라서 우리는 쥐가 살고자 하는 지향성을 지닌 개체라고 전제하고, 그 행동을 예측하는 것이 타당할 것이다. 즉, 쥐는 생존 욕구 때문에 '왼쪽에 고양이가 있으니, 그쪽으로 가면 잡아먹힐 위험이 있다. 그러니 왼쪽으로는 가지 말아야지.'라는 믿음을 가질 것이다. 우리는 쥐가 고양이가 있는 왼쪽으로 가는 행동을 하지 않을 것으로 예측할 수 있다. 그런데 예측 과정에서 선행되어야 하는 것은 쥐가 살아남기 위해 합리적으로 행동하는 개체라는 점을 인식해야 한다는 것이다. 따라서 지향적 태세를 취한다는 것은 예측 대상이 합리적으로 행동하는 개체임을 가정하는 것이다.

유기체는 생존과 번성의 욕구를 성취하기 위한 지향성을 지닌다. 그리고 환경에 성공적으로 적응하기 위해 정보를 수집하고, 축적된 정보에 새로운 정보를 결합하여 가장 합리적이라고 판단되는 행동을 선택한다. 이처럼 대부분의 유기체는 외부 세계와의 관계 속에서 지향성을 지니며 진화해 왔다. 지향적 태세는 우리가 대상을 바라보는 새로운 자세와 관점을 제공했다는 점에서 의의를 찾을 수 있다.

① 구체적 사례를 통해 추상적인 개념을 설명하고 있다.
② 다양한 관점을 소개하면서 이를 서로 절충하고 있다.
③ 전문가의 견해를 토대로 현상의 원인을 분석하고 있다.
④ 기존 이론의 문제점을 밝히고 새로운 이론을 제시하고 있다.
⑤ 시대적 흐름에 따른 핵심 개념의 변화 과정을 규명하고 있다.

08 다음 TRIZ 이론에 대한 글을 읽고 TRIZ에 대한 사례로 옳지 않은 것은?

> TRIZ는 주어진 문제에 대하여 가장 이상적인 결과를 정의하고, 그 결과를 얻는 데 관건이 되는 모순을 찾아내어 그 모순을 극복할 수 있는 해결안을 얻을 수 있도록 생각하는 방법에 대한 40가지 이론이다. 예를 들어 '차 무게가 줄면 연비는 좋아지지만 안정성은 나빠진다.'를 모순으로 정하고 '어떻게 하면 차가 가벼우면서 안정성이 좋을 수 있을까?'라는 해결책을 찾아 모순을 극복하는 것이다. 이어폰이 무선 이어폰이 되는 것 등도 이에 해당된다.

<TRIZ 40가지 이론>

분할	추출	국부적 품질	비대칭	통합	다용도	포개기	공중부양
사전 반대 조치	사전 조치	사전 예방 조치	동일한 높이	역방향	곡선화	역동성 증가	초과나 부족
차원변화	진동	주기적 작용	유용한 작용의 지속	급히 통과	전화위복	피드백	중간 매개물
셀프서비스	복사	값싸고 짧은 수명	기계 시스템의 대체	공기 및 유압 사용	얇은 막	다공성 물질	색깔변화
동질성	폐기 및 재생	속성변화	상전이	열팽창	산화제	불활성 환경	복합재료

① 여러 구간으로 납작하게 접을 수 있는 접이식 자전거 헬멧
② 자동으로 신발끈이 조여지는 운동화
③ 최초로 발견된 죽지 않는 식물
④ 회전에 제약이 없는 구형 타이어
⑤ 줄 없이 운동할 수 있는 줄 없는 줄넘기

09 윗마을에 사는 남자는 참말만 하고 여자는 거짓말만 한다. 반대로 아랫마을에 사는 남자는 거짓말만 하고 여자는 참말만 한다. 윗마을 사람 두 명과 아랫마을 사람 두 명이 다음과 같이 대화하고 있을 때, 반드시 참인 것은?

> 갑 : 나는 아랫마을에 살아.
> 을 : 나는 아랫마을에 살아. 갑은 남자야.
> 병 : 을은 아랫마을에 살아. 을은 남자야.
> 정 : 을은 윗마을에 살아. 병은 윗마을에 살아.

① 갑은 윗마을에 산다.
② 갑과 을은 같은 마을에 산다.
③ 을과 병은 다른 마을에 산다.
④ 을, 병, 정 가운데 둘은 아랫마을에 산다.
⑤ 이 대화에 참여하고 있는 이들은 모두 여자이다.

〈사업추진팀 인사평가 항목별 등급〉

성명	업무등급	소통등급	자격등급
유수연	A	B	B
최혜수	D	C	B
이명희	C	A	B
한승엽	A	A	D
이효연	B	B	C
김은혜	A	D	D
박성진	A	A	A
김민영	D	D	D
박명수	D	A	B
김신애	C	D	D

※ 등급의 환산점수는 A : 100점, B : 90점, C : 80점, D : 70점으로 환산하여 총점으로 구한다.

10 K공사에서는 인사평가 결과를 바탕으로 상여금을 지급한다. 인사평가 결과와 다음의 상여금 지급 규정을 참고하였을 때, 다음 중 가장 많은 상여금을 받을 수 있는 사람은 누구인가?

〈상여금 지급 규정〉

• 인사평가 총점이 팀 내 상위 50% 이내에 드는 경우 100만 원을 지급한다.
• 인사평가 총점이 팀 내 상위 30% 이내에 드는 경우 50만 원을 추가로 지급한다.
• 상위 50% 미만은 20만 원을 지급한다.
• 동순위자 발생 시 A등급의 빈도가 높은 순서대로 순위를 정한다.

① 이명희 ② 한승엽
③ 이효연 ④ 박명수
⑤ 김신애

11 인사평가 결과에서 오류가 발견되어 박명수의 소통등급과 자격등급이 C로 정정되었다면, 박명수를 제외한 순위변동이 있는 사람은 몇 명인가?

① 없음 ② 1명
③ 2명 ④ 3명
⑤ 4명

12 다음은 P공장에서 근무하는 근로자들의 임금수준 분포를 나타낸 자료이다. 근로자 전체에게 지급된 임금 (월 급여)의 총액이 2억 원일 때, 〈보기〉에서 옳은 설명을 모두 고르면?

〈공장 근로자의 임금수준 분포〉

임금수준(만 원)	근로자 수(명)
월 300 이상	4
월 270 이상 300 미만	8
월 240 이상 270 미만	12
월 210 이상 240 미만	26
월 180 이상 210 미만	30
월 150 이상 180 미만	6
월 150 미만	4
합계	90

────〈보기〉────

ㄱ. 근로자당 평균 월 급여액은 230만 원 이하이다.
ㄴ. 절반 이상의 근로자들이 월 210만 원 이상의 급여를 받고 있다.
ㄷ. 월 180만 원 미만의 급여를 받는 근로자의 비율은 약 14%이다.
ㄹ. 적어도 15명 이상의 근로자가 월 250만 원 이상의 급여를 받고 있다.

① ㄱ
② ㄱ, ㄴ
③ ㄱ, ㄴ, ㄹ
④ ㄴ, ㄷ, ㄹ
⑤ ㄱ, ㄴ, ㄷ, ㄹ

13 다음은 코레일 신입사원 채용에 지원한 입사지원자와 합격자를 나타낸 자료이다. 자료에 대한 설명으로 옳지 않은 것은?(단, 합격률 및 비율은 소수점 이하 둘째 자리에서 반올림한다)

〈신입사원 채용 현황〉

(단위 : 명)

구분	입사지원자 수	합격자 수
남자	10,891	1,699
여자	3,984	624

① 총 입사지원자 중 합격률은 15% 이상이다.
② 여자 입사지원자 대비 여자의 합격률은 20% 미만이다.
③ 총 입사지원자 중 여자는 30% 미만이다.
④ 합격자 중 남자의 비율은 약 80%이다.
⑤ 남자 입사지원자의 합격률은 여자 입자지원자의 합격률보다 낮다.

14 문제의 원인을 파악하는 과정에서 원인과 결과의 분명한 구분 여부에 따라 원인의 패턴을 구분할 수 있다. 문제 원인의 패턴을 다음과 같이 구분하였을 때, ㉠ ~ ㉢에 해당하는 말이 바르게 연결된 것은?

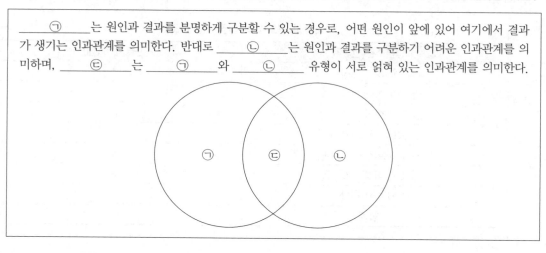

	㉠	㉡	㉢
①	단순한 인과관계	닭과 계란의 인과관계	복잡한 인과관계
②	단순한 인과관계	복잡한 인과관계	닭과 계란의 인과관계
③	단순한 인과관계	복잡한 인과관계	단순·복잡한 인과관계
④	닭과 계란의 인과관계	복잡한 인과관계	단순한 인과관계
⑤	닭과 계란의 인과관계	단순한 인과관계	복잡한 인과관계

15 다음 SWOT 분석의 설명을 읽고 추론한 내용으로 적절한 것은?

> SWOT 분석에서 강점은 경쟁기업과 비교하여 소비자로부터 강점으로 인식되는 것이 무엇인지, 약점은 경쟁기업과 비교하여 소비자로부터 약점으로 인식되는 것이 무엇인지, 기회는 외부환경에서 유리한 기회요인은 무엇인지, 위협은 외부환경에서 불리한 위협요인은 무엇인지를 찾아내는 것이다. SWOT 분석의 가장 큰 장점은 기업의 내부 및 외부 환경의 변화를 동시에 파악할 수 있다는 것이다.

① 제품의 우수한 품질은 SWOT 분석의 기회 요인으로 볼 수 있다.
② 초고령화 사회는 실버산업에 있어 기회 요인으로 볼 수 있다.
③ 기업의 비효율적인 업무 프로세스는 SWOT 분석의 위협 요인으로 볼 수 있다.
④ 살균제 달걀 논란은 빵집에게 있어 약점 요인으로 볼 수 있다.
⑤ 근육운동 열풍은 헬스장에게 있어 강점 요인으로 볼 수 있다.

저작권은 저자의 권익을 보호함으로써 활발한 저작 활동을 촉진하여 인류의 문화 발전에 기여하기 위한 것이다. 그러나 이렇게 공적 이익을 추구하기 위한 저작권이 현실에서는 일반적으로 지나치게 사적 재산권을 행사하는 도구로 인식되고 있다. 저작물 이용자들의 권리를 보호하기 위해 마련한, 공익적 성격의 법조항도 법적 분쟁에서는 항상 사적 재산권의 논리에 밀려 왔다.

저작권 소유자 중심의 저작권 논리는 실제로 저작권이 담당해야 할 사회적 공유를 통한 문화 발전을 방해한다. 몇 해 전의 '애국가 저작권'에 대한 논란은 이러한 문제를 단적으로 보여준다. 저자 사후 50년 동안 적용되는 국내 저작권법에 따라, 애국가가 포함된 〈한국 환상곡〉의 저작권이 작곡가 안익태의 유족들에게 2015년까지 주어진다는 사실이 언론을 통해 알려진 것이다. 누구나 자유롭게 이용할 수 있는 국가(國歌)마저 공공재가 아닌 개인 소유라는 사실에 많은 사람들이 놀랐다.

창작은 백지 상태에서 완전히 새로운 것을 만드는 것이 아니라 저작자와 인류가 쌓은 지식 간의 상호 작용을 통해 이루어진다. "내가 남들보다 조금 더 멀리 보고 있다면, 이는 내가 거인의 어깨 위에 올라서 있는 난쟁이이기 때문"이라는 뉴턴의 겸손은 바로 이를 말한다. 이렇듯 창작자의 저작물은 인류의 지적 자원에서 영감을 얻은 결과이다. 그러한 저작물을 다시 인류에게 되돌려 주는 데 저작권의 의의가 있다. 이러한 생각은 이미 1960년대 프랑스 철학자들에 의해 형성되었다. 예컨대 기호학자인 바르트는 '저자의 죽음'을 거론하면서 저자가 만들어 내는 텍스트는 단지 인용의 조합일 뿐 어디에도 '오리지널'은 존재하지 않는다고 단언한다.

전자 복제 기술의 발전과 디지털 혁명은 정보나 자료의 공유가 지니는 의의를 잘 보여주고 있다. 인터넷과 같은 매체 환경의 변화는 원본을 무한히 복제하고 자유롭게 이용함으로써 누구나 창작의 주체로서 새로운 문화 창조에 기여할 수 있도록 돕는다. 인터넷 환경에서 이용자는 저작물을 자유롭게 교환할 뿐 아니라 수많은 사람들과 생각을 나눔으로써 새로운 창작물을 생산하고 있다. 이러한 상황은 저작권을 사적 재산권의 측면에서보다는 공익적 측면에서 바라볼 필요가 있음을 보여준다.

① 저작권의 사회적 공유에 대해 일관성 없는 주장을 하고 있다.
② 저작물이 개인의 지적·정신적 창조물임을 과소평가하고 있다.
③ 저작권의 사적 보호가 초래한 사회적 문제의 사례가 적절하지 않다.
④ 인터넷이 저작권의 사회적 공유에 미치는 영향을 드러내지 못하고 있다.
⑤ 객관적인 사실을 제시하지 않고 추측에 근거하여 논리를 전개하고 있다.

17 과제 선정 단계에서 과제안에 대한 평가기준은 과제해결의 중요성, 과제착수의 긴급성, 과제해결의 용이성을 고려하여 여러 개의 평가기준을 동시에 설정하는 것이 바람직하다. 과제안 평가기준을 다음과 같이 나타냈을 때, (A) ~ (C)에 들어갈 말을 올바르게 연결한 것은?

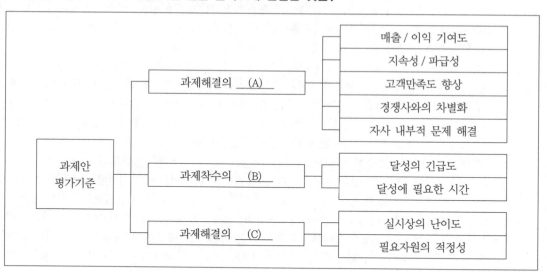

	(A)	(B)	(C)
①	용이성	긴급성	중요성
②	용이성	중요성	긴급성
③	중요성	용이성	긴급성
④	중요성	긴급성	용이성
⑤	긴급성	중요성	용이성

※ A사원은 그 날의 날씨와 평균기온을 고려하여 다음 〈조건〉에 따라 자신이 마실 음료를 고른다. 다음은 음료의 메뉴판과 이번 주 일기예보이다. 자료를 읽고 이어지는 질문에 답하시오. [18~19]

〈메뉴판〉

(단위 : 원)

커피류			차 및 에이드류		
구분	작은 컵	큰 컵	구분	작은 컵	큰 컵
아메리카노	3,900	4,300	자몽에이드	4,200	4,700
카페라테	4,400	4,800	레몬에이드	4,300	4,800
바닐라라테	4,600	5,000	자두에이드	4,500	4,900
카페모카	5,000	5,400	밀크티	4,300	4,800

〈이번 주 일기예보〉

구분	7월 22일 일요일	7월 23일 월요일	7월 24일 화요일	7월 25일 수요일	7월 26일 목요일	7월 27일 금요일	7월 28일 토요일
날씨	흐림	맑음	맑음	흐림	비	비	맑음
평균기온	24℃	26℃	28℃	27℃	27℃	25℃	26℃

─── 〈조건〉 ───

• A사원은 맑거나 흐린 날에는 차 및 에이드류를 마시고, 비가 오는 날에는 커피류를 마신다.
• 평균기온이 26℃ 미만인 날에는 작은 컵으로, 26℃ 이상인 날은 큰 컵으로 마신다.
• 커피를 마시는 날 중 평균기온이 25℃ 미만인 날은 아메리카노를, 25℃ 이상, 27℃ 미만인 날은 바닐라라테를, 27℃인 날은 카페라테를, 28℃ 이상인 날은 카페모카를 마신다.
• 차 및 에이드류를 마시는 날 중 평균기온이 27℃ 미만인 날은 자몽에이드를, 27℃ 이상인 날은 자두에이드를 마신다. 단, 비가 오지 않는 화요일과 목요일에는 반드시 밀크티를 마신다.

18 오늘이 7월 26일이라고 할 때, A사원이 오늘 마실 음료는?

① 아메리카노 큰 컵
② 카페라테 큰 컵
③ 바닐라라테 작은 컵
④ 카페모카 큰 컵
⑤ 자두에이드 작은 컵

19 A사원은 24일에 자신의 음료를 사면서 직장동료인 B사원의 음료도 사고자 한다. B사원에게는 자신이 전날 마신 음료와 같은 종류의 음료를 사준다고 할 때, A사원이 음료 두 잔을 주문하며 지불할 금액은?

① 8,700원
② 9,000원
③ 9,200원
④ 9,500원
⑤ 9,700원

20 다음 글의 제목으로 가장 적절한 것은?

우리는 처음 만난 사람의 외모를 보고, 그를 어떤 방식으로 대우해야 할지를 결정할 때가 많다. 그가 여자인지 남자인지, 얼굴색이 흰지 검은지, 나이가 많은지 적은지 혹은 그의 스타일이 조금은 상류층의 모습을 띠고 있는지 아니면 너무나 흔해서 별 특징이 드러나 보이지 않는 외모를 하고 있는지 등을 통해 그들과 나의 차이를 재빨리 감지한다. 일단 감지가 되면 우리는 둘 사이의 지위 차이를 인식하고 우리가 알고 있는 방식으로 그를 대하게 된다. 한 개인이 특정 집단에 속한다는 것은 단순히 다른 집단의 사람과 다르다는 것뿐만 아니라, 그 집단이 다른 집단보다는 지위가 높거나 우월하다는 믿음을 갖게 한다. 모든 인간은 평등하다는 우리의 신념에도 불구하고 왜 인간들 사이의 이러한 위계화(位階化)를 당연한 것으로 받아들일까? 위계화란 특정 부류의 사람들은 자원과 권력을 소유하고 다른 부류의 사람들은 낮은 사회적 지위를 갖게 되는 사회적이며 문화적인 체계이다. 다음에서 우리는 이러한 불평등이 어떠한 방식으로 경험되고 조직화되는지를 살펴보기로 하자.

인간이 불평등을 경험하게 되는 방식은 여러 측면으로 나눌 수 있다. 산업 사회에서의 불평등은 계층과 계급의 차이를 통해서 정당화되는데, 이는 재산, 생산 수단의 소유 여부, 학력, 집안 배경 등의 요소들의 결합에 의해 사람들 사이의 위계를 만들어 낸다. 또한 모든 사회에서 인간은 태어날 때부터 얻게 되는 인종, 성, 종족 등의 생득적 특성과 나이를 통해 불평등을 경험한다. 이러한 특성들은 단순히 생물학적인 차이를 지칭하는 것이 아니라, 개인의 열등성과 우등성을 가늠하게 만드는 사회적 개념이 되곤 한다.

한편 불평등이 재생산되는 다양한 사회적 기제들이 때로는 관습이나 전통이라는 이름하에 특정 사회의 본질적인 문화적 특성으로 간주되고 당연시되는 경우가 많다. 불평등은 체계적으로 조직되고 개인에 의해 경험됨으로써 문화의 주요 부분이 되었고, 그 결과 같은 문화권 내의 구성원들 사이에 권력 차이와 그에 따른 폭력이나 비인간적인 행위들이 자연스럽게 수용될 때가 많다.

문화 인류학자들은 사회 집단의 차이와 불평등, 사회의 관습 또는 전통이라고 이야기되는 문화 현상에 대해 어떤 입장을 취해야 할지 고민을 한다. 문화 인류학자가 이러한 문화 현상은 고유한 역사적 산물이므로 나름대로 가치를 지닌다는 입장만을 반복하거나 단순히 관찰자로서의 입장에 안주한다면, 이러한 차별의 형태를 제거하는 데 도움을 줄 수 없다. 실제로 문화 인류학 연구는 기존의 권력관계를 유지시켜주는 다양한 문화적 이데올로기를 분석하고, 인간 간의 차이가 우등성과 열등성을 구분하는 지표가 아니라 동등한 다름일 뿐이라는 것을 일깨우는 데 기여해 왔다.

① 차이와 불평등
② 차이의 감지 능력
③ 문화 인류학의 역사
④ 위계화의 개념과 구조
⑤ 관습과 전통의 계승과 창조

21 다음 중 갑과 을의 주장을 도출할 수 있는 질문으로 가장 적절한 것은?

> 갑 : 현재 우리나라는 저출산 문제가 심각하기 때문에 영유아를 배려하는 정책이 필요하다. 노키즈존과
> 같은 정책을 통해 더 좋은 서비스를 제공한다고 하는 것은 표면상의 이유로 들어 영유아를 배려하지
> 않는 위험한 생각이다. 이는 어린이들의 사회적·문화적 활동을 가로막고, 어린이들 개개인이 우리
> 사회의 구성원이라는 인식을 갖게 하는 데 어려움을 준다. 또한 특정 집단에 대한 차별 문화를 정당
> 화할 수 있으며, 헌법에서 보장하는 평등의 원리, 차별 금지의 원칙에도 위배된다.
>
> 을 : 공공장소에서 자신의 아이를 제대로 돌보지 않는 부모들이 늘고 있어, 주변 손님들에게 피해를 주고
> 가게의 매출이 줄어드는 등의 피해가 일어나고 있다. 특히 어린이들의 안전사고가 발생하는 경우 오
> 히려 해당 가게에 피해보상을 요구하는 일까지 있다. 이러한 상황에서 점주나 아이가 없는 손님의
> 입장에서는 아이가 없는 환경에서 영업을 하고 서비스를 제공받을 권리가 있다. 더군다나 특정 손님
> 의 입장 거부는 민법상 계약 과정에서 손님을 선택하고 서비스를 제공하지 않을 수 있는 자유에 속하
> 므로, 어떤 법적·도덕적 기준에도 저촉되지 않는다.

① 공공장소에서 부모들은 아이의 행동을 감시해야 하는가?
② 영유아 복지제도를 시행해야 하는가?
③ 차별 금지 원칙의 적용 범위는 어디까지인가?
④ 가게에서 노키즈존을 운영할 수 있는가?
⑤ 공공장소에서 발생한 어린이 안전사고의 책임은 누구에게 있는가?

22 한나는 집에서 학교까지 자전거를 타고 등교하는 데 50분이 걸린다. 학교에서 수업을 마친 후에는 버스를 타고 학원으로 이동하는 데 15분이 소요된다. 자전거의 평균 속력은 6km/h, 버스의 평균 속력은 40km/h라고 할 때, 한나가 집에서 학교를 거쳐 학원까지 이동한 총 거리는 얼마인가?

① 5km
② 8km
③ 10km
④ 15km
⑤ 30km

23 다음은 예식장 사업 형태에 대한 자료이다. 이에 대한 설명으로 옳지 않은 것은?

〈예식장 사업 형태〉

(단위 : 개, 백만 원, m²)

구분	개인경영	회사법인	회사 이외의 법인	비법인 단체	합계
사업체 수	1,160	44	91	9	1,304
매출	238,789	43,099	10,128	791	292,807
비용	124,446	26,610	5,542	431	157,029
면적	1,253,791	155,379	54,665	3,534	1,467,369

※ $[수익률(\%)] = \left[\frac{(매출)}{(비용)} - 1 \right] \times 100$

① 예식장 사업은 대부분 개인경영 형태로 이루어지고 있다.
② 사업체당 매출액이 평균적으로 제일 큰 예식장 사업 형태는 회사법인 예식장이다.
③ 예식장 사업은 매출액의 40% 이상이 수익이 되는 사업이다.
④ 수익률이 가장 높은 예식장 사업 형태는 회사법인 형태이다.
⑤ 사업체당 평균 면적이 가장 작은 예식장 사업 형태는 비법인 단체 형태이다.

24 다음은 2013 ~ 2020년 7개 도시 실질 성장률에 대한 자료이다. 자료에 대한 설명으로 옳은 것은?

〈7개 도시 실질 성장률〉

(단위 : %)

연도 도시	2013년	2014년	2015년	2016년	2017년	2018년	2019년	2020년
서울	9.0	3.4	8.0	1.3	1.0	2.2	4.3	4.4
부산	5.3	7.9	6.7	4.8	0.6	3.0	3.4	4.6
대구	7.4	1.0	4.4	2.6	3.2	0.6	3.9	4.5
인천	6.8	4.9	10.7	2.4	3.8	3.7	6.8	7.4
광주	10.1	3.4	9.5	1.6	1.5	6.5	6.5	3.7
대전	9.1	4.6	8.1	7.4	1.6	2.6	3.4	3.2
울산	8.5	0.5	15.8	2.6	4.3	4.6	1.9	4.6

① 2018년 서울, 부산, 광주의 실질 성장률은 각각 2017년의 2배 이상이다.
② 2017년과 2018년 실질 성장률이 가장 높은 도시는 일치한다.
③ 2014년 각 도시의 실질 성장률은 2013년에 비해 감소하였다.
④ 2015년 대비 2016년 실질 성장률이 5%p 이상 감소한 도시는 모두 3곳이다.
⑤ 2013년 실질 성장률이 가장 높은 도시가 2020년에는 실질 성장률이 가장 낮았다.

25 A, B, C, D, E, F 6명이 동시에 가위바위보를 해서 아이스크림 내기를 했는데, 결과가 다음과 같았다. 다음 중 내기에서 이긴 사람을 모두 고르면?(단, 비긴 경우는 없었다)

- 6명이 낸 것이 모두 같거나, 가위·바위·보 3가지가 모두 포함되는 경우 비긴 것으로 한다.
- A는 가위를 내지 않았다.
- B는 바위를 내지 않았다.
- C는 A와 같은 것을 냈다.
- D는 E에게 졌다.
- F는 A에게 이겼다.
- B는 E에게 졌다.

---

① A, C   ② E, F

③ B, D   ④ A, B, C

⑤ B, D, F

26 다음 중 표준관입시험에 관한 설명으로 옳지 않은 것은?

① 표준관입시험의 N값으로 모래지반의 상대밀도를 추정할 수 있다.

② N값으로 점토지반의 연경도에 관한 추정이 가능하다.

③ 지층의 변화를 판단할 수 있는 시료를 얻을 수 있다.

④ 모래지반에 대해서도 흐트러지지 않은 시료를 얻을 수 있다.

⑤ KSF 2307 규정에 의거한 시험방법에 따라 실시한다.

27 다음 중 승강장 설치에 대한 설명으로 옳지 않은 것은?

① 승강장은 직선구간에 설치하여야 한다. 다만, 지형여건 등으로 부득이한 경우에는 곡선반경 300m 이상의 곡선구간에 설치할 수 있다.

② 승강장에 세우는 조명전주・전차선전주 등 각종 기둥은 선로 쪽 승강장 끝으로부터 1.5m 이상의 통로 유효폭을 확보하여 설치하여야 한다.

③ 승강장에 있는 역사・지하도・출입구・통신기기실 등 벽으로 된 구조물은 선로 쪽 승강장 끝으로부터 2m 이상의 통로 유효폭을 확보하여 설치하여야 한다.

④ 승강장의 폭은 수송수요, 승강장 내에 세우는 구조물 및 설비 등을 고려하여 설치하여야 한다.

⑤ 직선구간에서 선로중심으로부터 승강장 또는 적하장 끝까지의 거리는 콘크리트도상인 경우 1,675mm로 하여야 한다.

28 다음 중 선로제표의 종류에 대한 설명으로 옳지 않은 것은?

① 거리표 : 노반머리 좌측에 1km마다 세우는 'km' 표와 그 중간에 100m마다 세우는 'm' 표가 있다.

② 차량접촉한계표 : 다른 선로의 차량과의 접촉을 피하기 위해 선로와 선로 사이에 세워 놓은 표지이다.

③ 건축한계축소표 : 규정된 건축한계보다 축소되어 있어 무개차, 유개차, 평판차의 활대품 적재와 운전을 주의시키기 위하여 터널 교량 등의 건축한계 축소구간에 세우는 표지이다.

④ 용지경계표 : 철도용지의 경계를 표시하고 관리하도록 하며, 경계선이 직선일 때는 40m 이내의 거리마다 세운다.

⑤ 정거장구역표 : 신호기 및 보안기기를 생략한 보통정차장과 간이정차장에서 정차장의 구내와 정차장 외의 경계를 표시한다.

29 다음 중 프리스트레스의 손실에 관한 설명으로 옳지 않은 것은?

① 콘크리트의 크리프와 건조 수축에 의한 손실은 프리텐션이나 포스트텐션에서 큰 몫을 차지한다.

② 포스트텐션에서는 탄성 손실을 극소화시킬 수 있다.

③ 마찰에 의한 손실은 통상 프리텐션에서 고려한다.

④ 일반적으로 프리텐션이 포스트텐션보다 손실이 크다.

⑤ 마찰에 의한 프리스트레스 감소는 곡률마찰에 의한 감소와 파상마찰에 의한 감소 두 가지로 나뉜다.

30 트래버스 측량의 각 관측 방법 중 방위각법에 대한 설명으로 옳지 않은 것은?

① 진북을 기준으로 어느 측선까지 시계 방향으로 측정하는 방법이다.

② 험준하고 복잡한 지역에서는 적합하지 않다.

③ 각이 독립적으로 관측되므로 오차 발생 시 개별각의 오차는 이후의 측량에 영향이 없다.

④ 각 관측값의 계산과 제도가 편리하고 신속히 관측할 수 있다.

⑤ 노선측량 또는 지형측량에 널리 쓰인다.

31 다음 중 악천후의 발생으로 선로순회 점검을 시행할 경우 점검해야 하는 특별 위험 개소에 해당하지 않는 것은?

① 사면활동으로 배수에 방해가 될 수 있는 구간

② 다량의 빗물로 인해 궤도재료가 분리될 수 있는 급경사 배수로

③ 입구가 막히거나 침수될 수 있는 터널

④ 폭설 시 적설이 발생할 수 있는 지역

⑤ 암거 상부의 되메우기 구간

32 다음 중 강도설계법의 개념에 대한 설명으로 옳지 않은 것은?

① 재료의 탄성 범위를 넘지 않는 한도 내에서 선형 탄성이론을 적용한다.

② 설계기본 개념이 응력 개념 위주가 아니라 강도 개념 위주의 설계법이다.

③ 설계하중은 사용하중에 하중계수를 곱한 극한 하중을 사용하고 있다.

④ 안전을 확보하는 방법으로 구조물 종류에 따라 강도 감소계수를 적용한다.

⑤ 철근 및 콘크리트의 변형률은 중립축으로부터의 거리에 비례한다.

33 다음은 설계속도에 대한 선로의 곡선반경을 나타낸 도표이다. 다음 중 (A) ~ (C)에 들어갈 수치로 적절한 것은?

본선의 곡선반경은 설계속도에 따라 다음 표의 값 이상으로 하여야 한다.

설계속도 V(km/h)	최소 곡선반경(m)	
	자갈도상 궤도	콘크리트도상 궤도
350	(A)	4,700
300	4,500	(B)
250	3,100	2,400
200	1,900	1,600
150	1,100	900
120	700	600
$V \leq 70$	(C)	400

	(A)	(B)	(C)			(A)	(B)	(C)
①	5,800	4,000	400		②	5,800	3,500	500
③	6,100	4,000	500		④	6,100	3,500	400
⑤	6,300	4,000	400					

34 다음 중 철근의 겹침이음 등급에서 A급 이음의 조건으로 옳은 것은?

① 배치된 철근량이 이음부 전체 구간에서 해석 결과 요구되는 소요 철근량의 3배 이상이고 소요 겹침이음 길이 내 겹침이음된 철근량이 전체 철근량의 1/3 이상인 경우

② 배치된 철근량이 이음부 전체 구간에서 해석 결과 요구되는 소요 철근량의 3배 이상이고 소요 겹침이음 길이 내 겹침이음된 철근량이 전체 철근량의 1/2 이하인 경우

③ 배치된 철근량이 이음부 전체 구간에서 해석 결과 요구되는 소요 철근량의 2배 이상이고 소요 겹침이음 길이 내 겹침이음된 철근량이 전체 철근량의 1/4 이상인 경우

④ 배치된 철근량이 이음부 전체 구간에서 해석 결과 요구되는 소요 철근량의 2배 이상이고 소요 겹침이음 길이 내 겹침이음된 철근량이 전체 철근량의 1/3 이상인 경우

⑤ 배치된 철근량이 이음부 전체 구간에서 해석 결과 요구되는 소요 철근량의 2배 이상이고 소요 겹침이음 길이 내 겹침이음된 철근량이 전체 철근량의 1/2 이하인 경우

35 다음 〈보기〉 중 선로 점검 시 틀림량을 (+)로 표시해야 하는 경우를 모두 고르면?

─────〈보기〉─────

㉠ 궤간의 확대 틀림량
㉡ 수평을 측정할 때 곡선부의 외측 레일을 기준으로 하여 상대편 레일이 높은 경우
㉢ 직선부의 좌측 레일을 기준으로 하여 높이 솟은 면틀림량
㉣ 곡선부의 외측 레일을 기준으로 하여 궤간 외방으로 줄틀림량
㉤ 직선부의 외측 레일을 기준으로 하여 궤간 외방으로 줄틀림량

① ㉠, ㉡   ② ㉡, ㉢
③ ㉠, ㉡, ㉣   ④ ㉠, ㉢, ㉣
⑤ ㉠, ㉢, ㉤

36 다음 중 철근콘크리트 구조물의 단점으로 옳지 않은 것은?

① 중량이 비교적 크다.   ② 균열이 발생하기 쉽다.
③ 개조, 보강, 해체가 어렵다.   ④ 내구성과 내화성이 좋지 않다.
⑤ 내부 결함 유무를 검사하기 어렵다.

37 다음 중 전단 철근에 대한 설명으로 옳지 않은 것은?(단, d＝유효높이, b_w＝복부의 폭, f_{ck}＝콘크리트의 설계 기준 강도, ϕ＝전단 및 비틀림에 대한 강도 감소 계수이다)

① 전단 철근의 설계 항복 강도는 400MPa를 초과할 수 없다.

② 부재축에 직각으로 설치되는 전단 철근의 간격은 $0.5d$ 이하 혹은 30cm 이하이어야 한다.

③ 전단 철근이 부담하는 공칭 전단 강도 $V_s = \dfrac{2}{3}\sqrt{f_{ck}}\,b_w d$ 이하이어야 한다.

④ $\dfrac{1}{2}\phi V_c < V_u \le \phi V_c$인 경우는 최소 전단 철근을 배치해야 한다.

⑤ RC부재에 발생하는 사인장 응력으로 인한 균열의 발생방지를 목적으로 한다.

38 다음 중 1방향 슬래브의 전단력에 대한 위험단면은 어느 곳인가?(단, d는 유효깊이이다)

① 지점에서 $d/5$인 곳   ② 지점에서 $d/4$인 곳
③ 지점에서 $d/2$인 곳   ④ 지점에서 $d/3$인 곳
⑤ 지점에서 d인 곳

39 다음 그림에서와 같이 우력(偶力)이 작용할 때 각 점의 모멘트에 관한 설명으로 옳은 것은?

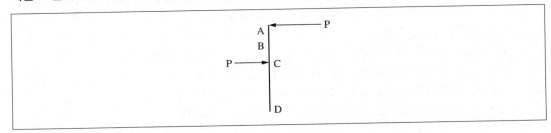

① B점의 모멘트가 제일 작다.
② D점의 모멘트가 제일 크다.
③ A점과 C점은 모멘트의 크기는 같으나 방향이 서로 반대이다.
④ A, B, C, D 모든 점의 모멘트는 같다.
⑤ C점의 모멘트가 제일 작다.

40 다음 중 분기기의 요구조건으로 옳지 않은 것은?

① 탄성, 내충격성, 완충성, 내구성 등이 풍부하여야 한다.
② 레일을 견고하게 체결할 수 있어야 한다.
③ 유지관리가 용이하며, 내구연한이 짧아야 한다.
④ 시공성이 좋고 재료수급이 용이하여야 한다.
⑤ 신호체계와의 호환성이 있어야 한다.

41 다음 중 보선작업의 기계화 방향에 대한 설명으로 옳지 않은 것은?

① 수시수선방식으로 전환
② 궤도 품질평가 기준 설정
③ 작업계획의 자동화 및 차별화
④ 고성능 궤도검측시스템의 도입
⑤ 유지보수 비용 절감을 위한 궤도 구성품 도입

42 다음 중 1인 1일 평균급수량에 대한 일반적인 특징으로 옳지 않은 것은?

① 소도시는 대도시에 비해서 수량이 크다.
② 공업이 번성한 도시는 소도시보다 수량이 크다.
③ 기온이 높은 지방이 추운 지방보다 수량이 크다.
④ 정액급수의 수도는 계량급수의 수도보다 소비수량이 크다.
⑤ 생활수준이 높을수록, 수압이 클수록 수량이 크다.

43 다음 중 인장을 받는 표준 갈고리의 정착에 대한 기술로 옳지 않은 것은?

① 갈고리는 압축을 받는 구역에서 철근 정착에 유효하다.
② 기본 정착 길이에 수정 계수를 곱하여 정착 길이를 계산하는데 $8d_b$ 이상, 15cm 이상이어야 한다.
③ 경량 콘크리트의 수정 계수는 1.3이다.
④ 정착 길이는 위험 단면으로부터 갈고리 외부 끝까지의 거리로 나타낸다.
⑤ 정착 길이의 허용오차는 소정 길이의 10% 이내로 한다.

44 다음은 완충레일에 대한 설명이다. 다음 빈칸에 들어갈 말이 바르게 연결된 것은?

완충레일은 _____㉠_____의 신축을 흡수하는 방법으로 _____㉡_____을/를 설치하지 않고 3 ~ 5개 정도의 _____㉢_____ 과 고탄소강의 이음매판 및 볼트를 사용한다.

	㉠	㉡	㉢
①	장대레일	보통이음매	정척레일
②	장대레일	신축이음매	정척레일
③	장대레일	신축이음매	텅레일
④	텅레일	신축이음매	장대레일
⑤	텅레일	보통이음매	정척레일

45 다음 중 단면의 성질에 대한 설명으로 옳지 않은 것은?

① 단면 2차 모멘트의 값은 항상 0보다 크다.
② 도심축에 관한 단면 1차 모멘트의 값은 항상 0이다.
③ 단면 2차 극모멘트의 값은 항상 극을 원점으로 하는 두 직교 좌표축에 대한 단면 2차 모멘트의 합과 같다.
④ 단면 상승모멘트의 값은 항상 0보다 크거나 같다.
⑤ 단면계수는 도심을 지나는 축에 대한 단면 2차 모멘트를 단면의 상, 하 끝단까지의 거리로 나눈 것이다.

46 다음 중 GNSS 상대측위 방법에 대한 설명으로 옳은 것은?

① 수신기 1대만을 사용하여 측위를 실시한다.
② 위성과 수신기 간의 거리는 전파의 파장 개수를 이용하여 계산할 수 있다.
③ 위상차의 계산은 단순차, 이중차, 삼중차와 같은 차분기법으로는 해결하기 어렵다.
④ 전파의 위상차를 관측하는 방식이나 절대측위 방법보다 정밀도가 낮다.
⑤ 미지점을 제외한 두 각 및 그 사이 변의 길이를 측량하는 것이다.

제4회 모의고사

47 얕은 기초 아래의 접지압력 분포 및 침하량에 대한 설명으로 옳지 않은 것은?

① 접지압력의 분포는 기초의 강성, 흙의 종류, 형태 및 깊이 등에 따라 다르다.
② 점성토 지반에 강성기초 아래의 접지압 분포는 기초의 모서리 부분이 중앙 부분보다 작다.
③ 사질토 지반에서 강성기초인 경우 중앙부분이 모서리 부분보다 큰 접지압을 나타낸다.
④ 사질토 지반에서 유연성 기초인 경우 침하량은 중심부보다 모서리 부분이 더 크다.
⑤ 접지압력의 분포는 기초 바닥면과 지반과의 접촉면에 생기는 압력, 즉 지반 압력으로 볼 수 있다.

48 다음 중 도수(Hydraulic Jump)에 대한 설명으로 옳은 것은?

① 수문을 급히 개방할 경우 하류로 전파되는 흐름
② 유속이 파의 전파속도보다 작은 흐름
③ 상류에서 사류로 변할 때 발생하는 현상
④ 프루드수가 1보다 큰 흐름에서 1보다 작아질 때 발생하는 현상
⑤ 상류에서 하류로 또는 그 반대로 흐름상태가 급변하는 현상

49 다음 중 콘크리트 크리프에 대한 설명으로 옳지 않은 것은?

① 고강도 콘크리트일수록 크리프는 감소한다.
② 물 – 시멘트 비가 클수록 크리프가 크게 일어난다.
③ 온도가 높을수록 크리프가 감소한다.
④ 상대습도가 높을수록 크리프가 작게 발생한다.
⑤ 재하속도의 증가에 따라 크리프는 증가한다.

50 우리나라 시방서 강도 설계편에서 처짐의 검사는 다음 중 어느 하중에 의하도록 되어 있는가?

① 극한 하중   ② 설계 하중
③ 사용 하중   ④ 상재 하중
⑤ 파괴 하중

코레일 한국철도공사
정답 및 해설

온라인 모의고사 무료쿠폰

쿠폰번호	NCS통합 **JSB-00000-7B8C2**
	제1회 코레일(토목직) **KDN-00000-64DBD**
	제2회 코레일(토목직) **MZF-00000-2F376**

[쿠폰 사용 안내] (기간 : ~ 2022. 06. 30.)

1. 합격시대 홈페이지(www.sidaegosi.com/pass_sidae_new)에 접속합니다.
2. 홈페이지 상단 '1회 무료 이용권 제공' 배너를 클릭하고, 쿠폰번호를 입력합니다.
3. 내강의실 > 모의고사 > 합격시대 모의고사를 클릭하면 응시 가능합니다.

※ 본 쿠폰은 등록 후 30일간 이용 가능합니다.

무료동영상(NCS특강) 쿠폰

쿠폰번호 AEL-54906-13948

[쿠폰 사용 안내] (기간 : ~ 2022. 06. 30.)

1. 시대플러스 홈페이지(www.sdedu.co.kr/plus)에 접속합니다.
2. 상단 카테고리 「이벤트」를 클릭합니다.
3. 「NCS 도서구매 특별혜택 이벤트」를 클릭한 후 쿠폰번호를 입력합니다.

AI면접 1회 무료쿠폰

쿠폰번호 AQB-82534-00280

[쿠폰 사용 안내] (기간: ~ 2022. 06. 30.)

1. WIN시대로(www.winsidaero.com)에 접속합니다.
2. 회원가입 후 상단 카테고리 「이벤트」를 클릭합니다.
3. 쿠폰번호를 입력 후 [마이페이지]에서 이용권을 사용하여 면접을 실시합니다.

※ 무료 쿠폰으로 응시한 면접에는 제한된 리포트가 제공됩니다.
※ 본 쿠폰은 등록 후 7일간 이용 가능합니다.

 도서 관련 최신 정보 및 정오사항이 있는지 우측 QR을 통해 확인해 보세요!

2021년 코레일 기출복원 모의고사 정답 및 해설

01	02	03	04	05	06	07	08	09	10
⑤	①	③	④	③	②	④	③	④	⑤
11	12	13	14	15	16	17	18	19	20
④	⑤	⑤	①	④	④	②	④	③	③
21	22	23	24	25	26	27	28	29	30
②	⑤	④	⑤	④	⑤	①	②	③	④
31	32	33	34	35	36	37	38	39	40
②	④	①	②	②	②	①	③	①	③
41	42	43	44	45	46	47	48	49	50
①	①	④	④	④	⑤	①	①	②	②

| 01 | 직업기초능력평가

01
정답 ⑤

스마트 시티의 성공은 인공지능과의 접목을 통한 기술 향상이 아니라 시민이 행복을 느끼도록 하는 것이다.

오답분석

① 컨베이어 벨트 체계는 2차 산업혁명 시기부터 도입되었다.
② 과거에는 컴퓨터, 휴대전화만 연결 대상이었으나 현재 자동차, 세탁기로까지 확대되었다.
③ 정보 공유형은 3차 산업혁명 '유 시티'의 특성이다.
④ 빅데이터는 속도, 규모, 다양성으로 정의할 수 있다.

02
정답 ①

A, B, C팀이 사원 수를 각각 a명, b명, c명으로 가정한다. 이때 A, B, C의 총 근무 만족도 점수는 각각 $80a$, $90b$, $40c$이다. A팀과 B팀의 근무 만족도, B팀과 C팀의 근무 만족도에 대한 평균 점수가 제공되었으므로 해당 식을 이용하여 방정식을 세운다.
A팀과 B팀의 근무 만족도 평균은 88점인 것을 이용하면 아래의 식을 얻는다.

$$\frac{80a+90b}{a+b}=88 \rightarrow 80a+90b=88a+88b \rightarrow 2b=8a \rightarrow b=4a$$

B팀과 C팀의 근무 만족도 평균은 70점인 것을 이용하면 아래의 식을 얻는다.

$$\frac{90b+40c}{b+c}=70 \rightarrow 90b+40c=70b+70c \rightarrow 20b=30c \rightarrow 2b=3c$$

따라서 $2b=3c$이므로 식을 만족하기 위해서 c는 짝수여야 한다.

오답분석

② 근무 만족도 평균이 가장 낮은 팀은 C팀이다.
③ B팀의 사원 수는 A팀의 사원 수의 4배이다.
④ C팀은 A팀 사원 수의 $\frac{8}{3}$배이다.
⑤ A, B, C의 근무 만족도 점수는 $80a+90b+40c$이며, 총 사원의 수는 $a+b+c$이다. 이때, b와 c를 a로 정리하여 표현하면 세 팀의 총 근무 만족도 점수 평균은

$$\frac{80a+90b+40c}{a+b+c}=\frac{80a+360a+\frac{320}{3}a}{a+4a+\frac{8}{3}a}$$

$$=\frac{240a+1,080a+320a}{3a+12a+8a}=\frac{1,640a}{23a} ≒ 71.30이다.$$

03
정답 ③

올해는 보조금 지급 기준을 낮춘다고 한 내용으로 미루어 짐작할 수 있다.

오답분석

① 대상자 선정은 4월 중에 이루어진다.
② 우수물류기업의 경우 예산의 50% 내에서 이루어지며, 중소기업이 예산의 20% 내에서 우선 선정된다.
④ 전체가 아닌 증가 물량의 100%이다.
⑤ 2010년부터 시작된 사업으로 작년까지 감소한 탄소 배출량이 약 194만 톤이다.

04
정답 ④

외국인이 마스크를 구매할 경우 외국인등록증뿐만 아니라 건강보험증도 함께 보여줘야 한다.

오답분석

① 4월 27일부터 마스크를 3장까지 구매할 수 있게 된 건 맞지만, 지정된 날에만 구입이 가능하다.
② 만 10살 이하 동거인의 마스크를 구매하기 위해선 주민등록등본 혹은 가족관계증명서와 함께 대리 구매자의 신분증을 제시해야 한다.

③ 지정된 날에만 마스크 구매가 가능하며, 별도의 추가 구매는 불가능하다.
⑤ 대리 구매자의 신분증, 주민등록등본, 임신확인서 3개를 지참해야 대리 구매가 가능하다.

05　　　　　정답 ③

주어진 조건을 고려하면 1순위인 B를 하루 중 가장 이른 식후 시간대인 아침 식후에 복용해야 한다. 2순위이며 B와 혼용 불가능한 C는 점심 식전에 복용하며, 3순위인 A는 혼용 불가능 약을 피해 저녁 식후에 복용해야 한다. 4순위인 E는 남은 시간 중 가장 빠른 식후인 점심 식후에 복용을 시작하며, 5순위인 D는 가장 빠른 시간인 아침 식전에 복용한다.

식사	시간	1일 차	2일 차	3일 차	4일 차	5일 차
아침	식전	D	D	D	D	D
	식후	B	B	B	B	
점심	식전	C	C	C		
	식후	E	E	E	E	
저녁	식전					
	식후	A	A	A	A	

따라서 모든 약의 복용이 완료되는 시점은 5일 차 아침이다.

06　　　　　정답 ②

ㄱ. 혼용이 불가능한 약들을 서로 피해 복용하더라도 하루에 A ~ E를 모두 복용할 수 있다.
ㄷ. 최단 시일 내에 모든 약을 복용하기 위해서는 A는 혼용이 불가능한 약들을 피해 저녁에만 복용하여야 한다.

오답분석
ㄴ. D는 아침에만 복용한다.
ㄹ. A와 C를 동시에 복용하는 날은 총 3일이다.

07　　　　　정답 ④

2번 이상 같은 지역을 신청할 수 없으므로, D는 1년 차와 2년 차 서울 지역에서 근무하였으므로 3년 차에는 지방으로 가야 한다. 따라서 신청지로 배정받지 못할 것이다.

오답분석
① B는 1년 차 근무를 마친 A가 신청한 종로를 제외한 어느 곳이나 갈 수 있으므로 신청지인 영등포로 이동하게 될 것이다.
② C보다 E가 전년도 평가가 높으므로 E는 여의도에, C는 지방으로 이동할 것이다.
③ 1년 차 신입은 전년도 평가 점수가 100점이므로 신청한 근무지에서 근무할 수 있다. 따라서 A는 입사 시 1년 차 근무지로 대구를 선택했음을 알 수 있다.
⑤ D는 규정에 부합하지 않게 신청했으므로 C가 제주로 이동한다면, 남은 지역인 광주나 대구로 이동하게 된다.

08　　　　　정답 ③

선택에 따른 스트레스를 줄여주는 원산지 표시 제품의 경우 다른 제품들보다 10% 비싸지만 보통 판매량은 더 높은 것으로 집계된다.

오답분석
① 사람들마다 먹거리를 선택하는 기준도 다르고 같은 개인들이라도 처해있는 상황이 다르기 때문에 고려해야 될 요소가 복잡해진다.
② 최선의 선택을 할지라도 남아 있는 대안들에 대한 미련으로 후회감이 남게 된다.
④ 소비자들은 원산지 표시제품을 구매함으로써 선택의 스트레스를 줄인다.
⑤ 원산지 표시제는 익명성을 탈피시켜 궁극적으로 사회적 태만을 줄일 수 있는 방안 중의 하나이다.

09　　　　　정답 ④

시골개, 떠돌이개 등이 지속적으로 유입되었다는 내용으로 미루어 짐작할 수 있는 사실이다.

오답분석
① 2018년 이후부터의 수치를 제시하고 있기 때문에 이전에도 그랬는지는 알 수가 없다.
② 지난해 경기 지역이 가장 많은 유기견 수를 기록했다는 내용만 알 수 있을 뿐, 항상 그랬는지는 알 수가 없다.
③ 2016년부터 2019년까지는 꾸준히 증가하는 추세였으나, 작년에는 12만 8,719마리로 감소했음을 알 수 있다.
⑤ 유기견 번식장에 대한 규제가 필요하다는 말을 미루어 봤을 때 적절한 규제가 이루어지지 않음을 짐작할 수 있다.

10　　　　　정답 ⑤

공적마스크를 구매할 수 있는 날은 7일마다 돌아온다. 이때, 36일은 $7 \times 5 + 1$이므로 2차 마스크 구매 요일은 1차 마스크 구매 요일과 하루 차이임을 알 수 있다. 이때, 1차 마스크 구매는 평일에 이루어졌다고 하였으므로, A씨가 2차로 마스크를 구매한 요일은 토요일임을 알 수 있다. 따라서 1차로 구매한 요일은 금요일이고, 출생 연도 끝자리는 5이거나 0이다. 또한, A씨의 1차 마스크 구매 날짜는 3월 13일이며, 36일 이후는 4월 18일이다. 따라서 주말을 제외하고 공적마스크를 구매할 수 있는 날짜는 3/13, 3/20, 3/27, 4/3, 4/10, 4/17, 4/24, 5/1, 5/8, 5/15 … 이다.

11　　　　　정답 ④

오전 8시에 좌회전 신호가 켜졌으므로 다음 좌회전 신호가 켜질 때 까지 20초+100초+70초=190초가 걸린다. 1시간 후인 오전 9시 정각의 신호를 물었으므로 오전 8시부터 $60 \times 60 = 3,600$초 후이다. $3,600$초$=190 \times 18 + 180$이므로 좌회전, 직진, 정지 신호가 순서대로 18번 반복되고 180초 후에는 정지 신호가 켜져 있을 것이다.
180초(남은 시간)−20초(좌회전 신호)−100(직진 신호)=60초 (정지 신호 100초 켜져 있는 중)

12　　　　　　　　　　　　정답 ⑤

모두 최소 1개 이상의 알파벳, 숫자, 특수문자로 구성이 되었기 때문에 다른 조건인 비밀번호로 사용된 숫자들이 소수인지를 확인하여야 한다. ① ~ ⑤의 숫자는 2, 3, 5, 7, 17, 31, 41, 59, 73, 91이 있으며, 이 중 91은 7과 13으로 약분이 되어 소수가 아니다. 따라서 비밀번호로 사용될 수 없다.

13　　　　　　　　　　　　정답 ⑤

한국의 자동차 1대당 인구 수는 2.9로 러시아와 스페인 전체 인구에서의 자동차 1대당 인구 수인 2.8보다 많다.

오답분석

① 중국의 자동차 1대당 인구 수는 28.3으로 멕시코의 자동차 1대당 인구 수의 $\frac{28.3}{4.2} ≒ 6.7$배이다.

② 폴란드의 자동차 1대당 인구 수는 2이다.

③ 러시아와 스페인 전체 인구에서의 자동차 1대당 인구 수는 $\frac{14,190+4,582}{3,835+2,864} = \frac{18,772}{6,699} ≒ 2.8$이므로 폴란드의 자동차 1대당 인구 수인 2보다 많다.

④ 한국의 자동차 1대당 인구 수는 2.9로 미국과 일본의 자동차 1대당 인구 수 1.2+1.7=2.9 합과 같다.

14　　　　　　　　　　　　정답 ①

일반적인 의미와 다른 나라의 사례를 통해 대체의학의 정의를 설명하고, 또한 크게 세 가지 유형으로 대체의학의 종류를 설명하고 있기 때문에 대체의학의 의미와 종류가 제목으로 가장 적절하다.

오답분석

② 대체의학의 문제점은 언급되지 않았다.

③ 대체의학으로 인한 부작용 사례는 언급되지 않았다.

④ 대체의학이 무엇인지 설명하고 있지 개선방향에 대해 언급하지 않았다.

⑤ 대체의학의 종류에 대해 설명하고 있지만 연구 현황과 미래를 언급하지 않았다.

15　　　　　　　　　　　　정답 ③

올더스 헉슬리에 대한 내용이다. 올더스 헉슬리는 오히려 사람들이 너무 많은 정보를 접하는 상황에 대해 두려워했지만 조지 오웰은 정보가 통제당하는 상황을 두려워했다.

오답분석

① 조지 오웰은 서적이 금지당하고 정보가 통제 당하는 등 자유를 억압받는 상황을 두려워했다.

② 올더스 헉슬리는 스스로가 압제를 받아들인다고 생각했다.

④ 올더스 헉슬리는 즐길 거리 등을 통해 사람들을 통제할 수 있다고 보았다.

⑤ 조지 오웰은 우리가 증오하는 것이, 올더스 헉슬리는 우리가 좋아하는 것이 자신을 파멸시킬 상황을 두려워했다.

16　　　　　　　　　　　　정답 ④

원콜 서비스를 이용하기 위해서는 사전등록된 신용카드가 있어야 결제가 가능하다.

오답분석

① 상이등급이 있는 국가유공자만 이용가능하다.

② 원콜 서비스를 이용하면 전화로 맞춤형 우대예약 서비스를 이용할 수 있다.

③ 신분증 외 유공자증을 대신 지참하여도 신청이 가능하다.

⑤ 휴대폰을 이용한 승차권 발권을 원하지 않는 경우, 전화 예약을 통해 역창구 발권을 받을 수 있으므로 선택권이 존재한다.

17　　　　　　　　　　　　정답 ②

ㄱ. 전화를 통한 예약의 경우, 승차권 예약은 ARS가 아닌, 상담원을 통해 이루어진다.

ㄷ. 예약된 승차권은 본인 외 사용은 무임승차로 간주되며, 양도가 가능한지는 자료에서 확인할 수 없다.

오답분석

ㄴ. 경우에 따라 승차권 대용문자 혹은 승차권 대용문자+스마트폰 티켓으로 복수의 방식으로 발급받을 수 있다.

ㄹ. 반기별 예약 부도 실적이 3회 이상인 경우 다음 산정일까지 우대서비스가 제한된다.

18　　　　　　　　　　　　정답 ④

ㄴ. 2019년, 2020년 모두 30대 이상의 여성이 남성보다 비중이 더 높다.

ㄷ. 2020년 40대 남성의 비중은 22.1%로 다른 나이대보다 비중이 높다.

오답분석

ㄱ. 2019년에는 20대 남성이 30대 남성보다 1인 가구 비중이 더 높지만, 2020년에는 20대 남성이 30대 남성보다 1인 가구의 비중이 더 낮다. 따라서 20대 남성이 30대 남성보다 1인 가구의 비중이 더 높은지는 알 수 없다.

ㄹ. 2년 이내 1인 생활을 종료하는 1인 가구의 비중은 2019년에는 증가하였으나, 2020년에는 감소하였다.

19　　　　　　　　　　　　정답 ③

부모의 학력이 자녀의 소득에 영향을 미치는 것은 환경적 요인에 의한 결정이다. 이러한 현상이 심화될 경우 빈부격차의 대물림 현상이 심해질 것으로 바라보고 있다.

오답분석

① 개인의 학력과 능력은 노력뿐만 아니라 환경적 요인, 운 등 다양한 요소에 의해 결정된다.

② 분배정의론의 관점에서는 환경적 요인에 의해 나타난 불리함에 대해서 개인에게 책임을 묻는 것이 정당하지 않다고 주장하고 있다.
④ 사회민주주의 국가는 조세 정책을 통해 기회균등화 효과를 거두고 있다.
⑤ 세율을 보다 높이고 대신 이전지출의 크기를 늘리는 것이 세율을 낮추고 이전지출을 줄이는 것에 비해 재분배효과가 더욱 있을 것으로 전망된다.

20

ㄴ. 1대당 차의 가격은 $\dfrac{(수출액)}{(수출\ 대수)}$(단위 : 만 달러)로 계산할 수 있다.

- A사 : $\dfrac{1,630,000}{532} ≒ 3,064$만 달러
- B사 : $\dfrac{1,530,000}{904} ≒ 1,692$만 달러
- C사 : $\dfrac{3,220,000}{153} ≒ 21,046$만 달러
- D사 : $\dfrac{2,530,000}{963} ≒ 2,627$만 달러
- E사 : $\dfrac{2,620,000}{2,201} ≒ 1,190$만 달러

따라서 2020년 1분기에 가장 고가의 차를 수출한 회사는 C사이다.

[Tip] 이때, 수출액이 가장 많고, 수출 대수는 가장 적은 C사가 가장 고가의 차를 수출한 회사이다.

ㄷ. C사의 자동차 수출 대수는 계속 감소하다가 2020년 3분기에 증가하였다.

오답분석
ㄱ. 2019년 3분기 전체 자동차 수출액은 1,200백만 달러로 2020년 3분기 전체 자동차 수출액인 1,335백만 달러보다 적다.
ㄹ. E사의 자동차 수출액은 2019년 3분기 이후 계속 증가하였다.

21

- ㉠ : $532+904+153+963+2,201=4,753$
- ㉡ : $2×(342+452)=1,588$
- ㉢ : $2,201+2,365×2+2,707=9,638$
- ㉠+㉡+㉢=$4,753+1,588+9,638=15,979$

22

주어진 조건에 따라 시간대별 고객 수의 변화 및 각 함께 온 일행들이 앉은 테이블을 정리하면 다음과 같다.

시간	새로운 고객	기존 고객	시간	새로운 고객	기존 고객
09:20	2(2인용)	0	15:10	5(6인용)	4(4인용)
10:10	1(4인용)	2(2인용)	16:45	2(2인용)	0
12:40	3(4인용)	0	17:50	5(6인용)	0
13:30	5(6인용)	3(4인용)	18:40	6(입장×)	5(6인용)
14:20	4(4인용)	5(6인용)	19:50	1(2인용)	0

오후 3시 15분에는 오후 3시 10분에 입장하여 6인용 원탁에 앉은 5명의 고객과 오후 2시 20분에 입장하여 4인용 원탁에 앉은 4명의 고객까지 총 9명의 고객이 있을 것이다.

23

ㄴ. 오후 6시 40분에 입장한 일행은 6인용 원탁에만 앉을 수 있으나, 5시 50분에 입장한 일행이 사용 중이어서 입장이 불가하였다.
ㄹ. 오후 2시 정각에는 6인용 원탁에만 고객이 앉아 있었다.

오답분석
ㄱ. 오후 6시에는 오후 5시 50분에 입장한 고객 5명이 있다.
ㄷ. 오전 9시 20분에 2명, 오전 10시 10분에 1명, 총 3명이 방문하였다.

24

i) 7명이 〈조건〉에 따라서 앉는 경우의 수
운전석에 앉을 수 있는 사람은 3명이고 조수석에는 부장님이 앉지 않으므로 $3×5×5!=1,800$가지이다.

ii) A씨가 부장님 옆에 앉지 않을 경우의 수
전체 경우의 수에서 부장님과 옆에 앉는 경우를 빼면 A씨가 부장님 옆에 앉지 않는 경우가 되므로 A씨가 부장님 옆에 앉는 경우의 수를 구하면 다음과 같다.
A씨가 운전석에 앉거나 조수석에 앉으면 부장님은 운전을 하지 못하고 조수석에 앉지 않으므로 부장님 옆에 앉지 않는다. 즉 A씨가 부장님 옆에 앉을 수 있는 경우는 가운데 줄에서의 2가지 경우와 마지막 줄에서 1가지 경우가 있다. A씨가 부장님 옆에 앉는 경우는 총 3가지이고, 서로 자리를 바꿔서 앉는 경우까지 $2×3$가지이다. 운전석에는 A를 제외한 2명이 앉을 수 있고, 조수석을 포함한 나머지 4자리에 4명이 앉는 경우의 수는 4!가지이다. 그러므로 A씨가 부장님 옆에 앉는 경우의 수는 $2×3×2×4!=288$가지이다.
따라서 A씨가 부장님 옆에 앉지 않을 경우의 수는 $1,800-288=1,512$가지이므로 A씨가 부장님의 옆자리에 앉지 않을 확률은 $\dfrac{1,512}{1,800}=0.84$이다.

25 정답 ④

4×6 사이즈는 x개, 5×7 사이즈는 y개, 8×10 사이즈는 z개를 인화했다고 하면 $150x + 300y + 1,000z = 21,000$이다. 모든 사이즈를 최소 1장씩은 인화하였으므로 $x+1 = x'$, $y+1 = y'$, $z+1 = z'$라고 하면 $150x' + 300y' + 1,000z' = 19,550$원이다. 십 원 단위는 300과 1,000원으로 나올 수 없는 금액이므로 4×6 사이즈 1장을 더 구매한 것으로 보고, 나머지 금액을 300과 1,000원으로 구매할 수 있는지 확인한다. 19,400원에서 백 원 단위는 1,000원으로 구매할 수 없으므로 300원으로 구매해야 한다. 5×7 사이즈인 $300 \times 8 = 2,400$원을 제외하면 $19,400 - 2,400 = 17,000$원이 남는데 나머지는 1,000원으로 구매할 수 있으나, 5×7 사이즈를 최대로 구매해야 하므로 300의 배수인 $300 \times 50 = 15,000$원을 추가로 구매한다. 나머지 2,000원은 8×10 사이즈로 구매한다. 따라서 5×7 사이즈는 최대 $1+8+50 = 59$장을 구매할 수 있다.

26 정답 ⑤

침매 공법은 터널의 일부 또는 전부를 미리 제작하고, 이를 물에 띄워 인양한 후 계획위치에 가라앉혀 터널을 건설하는 공법으로, 비교적 얕은 해저 터널이나 지하수면 아래의 하저터널 시공에 적합하다. 우리나라는 2010년 거가대교 건설에 침매 공법을 사용하였다.

오답분석

① NATM 공법 : 굴착한 터널 안쪽 천장과 터널 벽면에 2～3m 길이의 고정봉을 일정 간격으로 박은 후 그 위에 콘크리트를 입히는 방식으로, 암반의 붕괴를 방지하면서 터널을 뚫어 나가는 굴착 공법이다.

② TBM 공법 : 터널 굴착기를 동원해 암반을 압쇄하거나 절삭해 굴착하는 기계식 굴착 공법이다.

③ 실드 공법 : 주로 연약지반이나 대수지반에서 터널을 만들 때 사용되며, 원통형의 실드를 수직구 안에 투입시켜 앞쪽에서는 굴착 작업을 하고 뒤쪽에서는 세그먼트를 반복해 설치하면서 터널을 만들어 나가는 굴착 공법이다.

④ 케이슨 공법 : 건축물의 지하실 전체 혹은 원통형의 콘크리트제 상자를 지상에서 만들고, 하부의 지반을 파서 지중에 침설(沈設)하는 기초 공법이다.

27 정답 ①

거푸집 설계 시 고려해야 할 하중
- 바닥판, 보의 바닥, 슬래브 밑면 : 작업하중, 충격하중
- 벽, 기둥, 보 옆 : 측압

28 정답 ②

보일링 현상은 모래지반을 굴착할 때 굴착 바닥면으로 뒷면의 모래가 솟아오르는 현상으로, 점착력이 없는 모래에서 발생하기 쉽다. 보일링 현상이 발생할 경우 벽체 전체에 미치는 저항과 벽체 하단의 지지력이 없어질 뿐 아니라 흙막이벽과 주변 지반까지 파괴된다. 보일링 현상을 방지하기 위해서는 흙막이벽을 불투수성의 점토질 지층까지 깊게 근입(밑둥넣기)하거나 방축널의 아래쪽에 배수 시설을 설치하여 굴착 바닥면의 수압을 낮추어야 한다.

29

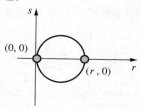

s, $(0, 0)$, $(r, 0)$, r

응력원 그림에서 90° 회전시키면, 전단응력은 $\tau = \tau_{max} = \dfrac{\sigma}{2}$ 가

되고, $\sigma_n = \dfrac{\sigma}{2}$ 이다.

$\therefore \sigma_n = \tau$

30 정답 ④

㉠ 집중형(코어형) : 건물 중앙에 엘리베이터와 계단을 배치하고 그 주위에 많은 단위 주거를 집중하여 배치하는 형식으로, 환풍과 통풍의 문제를 해결하기 위해 고도의 설비가 필요하다.

㉡ 중복도형 : 건물 중앙에 복도를 설치하고 복도 양측으로 단위 주거를 배치하는 형식으로, 고밀화에 유리하나 독립성이 낮고 채광과 환기가 좋지 않다.

㉢ 편복도형 : 건물의 한 쪽 긴 복도에서 단위 주거에 들어가는 형식으로, 고층화에 유리하나 독립성이 낮다.

㉣ 계단실형 : 계단실 또는 엘리베이터 홀에서 직접 단위 주거에 들어가는 형식으로, 독립성이 높고 출입이 편하다.

31 정답 ②

$M_c = 0 \rightarrow -10P + 30 \times 20 + 50 \times 10 = 0$

$\therefore P = 110\text{kg}$

32 정답 ④

$\dfrac{1}{R} = \dfrac{M}{EI}$

$R = \dfrac{EI}{M} = \dfrac{1 \times 10^5 \times \dfrac{20 \times 30^3}{12}}{2 \times 10^5} = 22,500\text{cm} = 225\text{m}$

33 정답 ①

A, B, 30°, C, $P = 10\text{t}$

$\sum V = 0$

$BC\sin30° - P = 0$

$BC = \dfrac{P}{\sin30°} = \dfrac{10}{\dfrac{1}{2}} = 20\text{t(압축)}$

$\sum H = 0$

$BC\cos30° - AB = 0$

$AB = BC\cos30° = 20 \times \cos30° = 20 \times \dfrac{\sqrt{3}}{2} = 10\sqrt{3}\text{ t(인장)}$

34 정답 ②

노선측량의 일반적인 작업 순서는 계획 – 답사(ㄹ) – 선점 – 중심선 측량(ㄴ) – 종·횡단 측량(ㄱ) – 공사 측량(ㄷ) 순서이다.

35 정답 ②

완화곡선의 접선은 시점에서는 직선에 접하고, 종점에서는 원호에 접한다.

36 정답 ④

면적은 축척의 분모수의 제곱에 비례하므로

$500^2 : 38.675 = 600^2 : A \rightarrow 600^2 \times 38.675 = 500^2 \times A$

$\therefore A = 55.692$

37 정답 ①

다각측량의 순서는 '도상계획 → 답사 및 선점 → 조표 → 거리 관측 → 각 관측 → 거리 및 각의 오차 배분 → 좌표계산 및 측점 전개'의 순서이다.

38 정답 ③

표고가 53.85m인 A점의 표척이 1.34m이므로 전시 F·S는 53.85 + 1.34 = 50 + F·S → F·S = 5.190이다. 따라서 전시를 5.19m로 관측한 점을 연결했을 때 50m 등고선이 된다.

39 정답 ①

오차의 범위를 제외한 면적을 $A_0\text{m}^2$ 이라 하면,

$A_0 = 75 \times 100 = 7,5000$이다. 이때, 면적 A의 오차의 범위는

$dA = \pm\sqrt{(100 \times 0.003)^2 + (75 \times 0.008)^2} = \pm0.670$이므로

$A = 7,500 \pm 0.670$이다.

40 정답 ③

철근과 콘크리트의 단위질량이 다르기 때문에 무게가 같지 않다. 또한, 철근과 콘크리트의 내구성도 다르다.

41 정답 ①

서로 다른 크기의 철근을 압축부에서 겹침이음하는 경우의 이음길이는 크기가 큰 철근의 정착길이와 크기가 작은 철근의 겹침이음길이 중 큰 값 이상이다.

42 정답 ①

1방향 슬래브의 두께는 최소 100mm 이상으로 해야 한다.

43 정답 ④

단선구간의 선로용량(N)을 구하는 식은 다음과 같다.

$N = \dfrac{1,440}{t+s} \times d$ (d : 선로이용률, t : 역간 평균 운전시분, s : 열차 취급시분)

이때, 역간 평균 운전시분은 $\dfrac{320}{80} = 4$분이므로 선로용량은

$\dfrac{1,440}{4+2} \times 0.4 = 96$회이다.

44 정답 ④

나선철근으로 둘러싸인 경우 축방향 주철근의 최소 개수는 6개이다.

축방향 주철근의 최소 개수
• 삼각형 띠철근 : 3개
• 사각형 및 원형 띠철근 : 4개
• 나선철근 : 6개

45 정답 ④

현장의 건조단위중량 $\gamma_d = \dfrac{W_s}{V} = \dfrac{1,700}{1,000} = 1.7$이다. 따라서 간극비(공극비)는 $e = \dfrac{G_s \gamma_w}{\gamma_d} - 1 = \dfrac{2.65 \times 1}{1.71} - 1 \fallingdotseq 0.55$이다.

46 정답 ⑤

다짐된 사질지반에서는 압밀현상이 일어나지 않으므로 부마찰력이 발생되지 않는다.

47 정답 ①

현장 타설 콘크리트 말뚝 기초는 정역학적 방법으로 지지력을 추정한다.

48 정답 ①

토립자의 비중은 투수계수와는 관계가 없다.

투수계수에 영향을 미치는 요소
토립자의 크기, 포화도, 간극의 형상과 배열, 유체의 점성

49 정답 ②

$T_{cr} = 0.33\sqrt{f_{ck}} \times \dfrac{A_{cp}^2}{P_{cp}}$ (A_{cp} : $b \times h$, P_{cp} : $2b + 2h$)

$T_{cr} = 0.33\sqrt{36} \times \dfrac{(0.2 \times 0.2)^2}{(0.4 + 0.4)} = 0.00396\text{MN} \cdot \text{m}$
$\qquad = 3.96\text{kN} \cdot \text{m}$

50 정답 ②

P_1이 하는 일

$w_1 = \dfrac{P_1 \delta_1}{2} + P_1 \delta_2 = \dfrac{150 \times 50}{2} + 150 \times 20 = 6,750\text{kN} \cdot \text{mm}$

제1회 모의고사 정답 및 해설

01	02	03	04	05	06	07	08	09	10
②	③	④	①	①	④	③	③	⑤	④
11	12	13	14	15	16	17	18	19	20
②	②	④	④	③	①	②	①	①	④
21	22	23	24	25	26	27	28	29	30
③	②	③	④	③	④	⑤	①	③	④
31	32	33	34	35	36	37	38	39	40
④	⑤	④	④	①	④	⑤	④	②	
41	42	43	44	45	46	47	48	49	50
②	②	②	③	⑤	②	③	⑤	②	②

| 01 | 직업기초능력평가

01
정답 ②

K공사의 '5대 안전서비스 제공을 통한 스마트 도시 시민안전망'과 관련한 업무 협약을 맺었다고 시작하는 (다), 앞서 소개한 오산시의 다양한 정책을 소개하는 (나), 오산시에 구축할 5가지 시민안전망에 대해 설명하는 (가)와 (마), 마지막으로 기존의 문제점을 보완하며 인프라 구축을 예고하는 (라)의 순서로 나열하는 것이 적절하다.

02
정답 ③

기존 안전 체계의 문제점을 고치고 발전했다는 문장의 흐름상, 빈칸에 들어갈 단어로 '모자라는 것을 보충해서 완전하게 한다.'는 의미의 '보완'이 가장 적절하다.

03
정답 ④

문서의 기능
1) 의사의 기록 · 구체화
   문서는 사람의 의사를 구체(㉠)적으로 표현하는 기능을 갖는다. 사람이 가지고 있는 주관적인 의사는 문자 · 숫자 · 기호 등을 활용하여 종이나 다른 매체에 표시하여 문서화함으로써 그 내용이 구체(㉠)화된다.

2) 의사의 전달
   문서는 자기의 의사를 타인에게 전달(㉡)하는 기능을 갖는다. 문서에 의한 의사 전달(㉡)은 전화나 구두로 전달(㉡)하는 것보다 좀 더 정확하고 변함없는 내용을 전달(㉡)할 수 있다.

3) 의사의 보존
   문서는 의사를 오랫동안 보존(㉢)하는 기능을 갖는다. 문서로써 전달(㉡)된 의사는 지속적으로 보존(㉢)할 수 있고 역사자료로서 가치를 갖기도 한다.

4) 자료 제공
   보관 · 보존된 문서는 필요한 경우 언제든 참고자료 내지 증거자료로 제공되어 행정 활동을 지원 · 촉진시킨다.

5) 업무의 연결 · 조정
   문서의 기안 · 결재 및 협조 과정 등을 통해 조직 내외의 업무처리 및 정보 순환이 이루어져 업무의 연결 · 조정 기능을 수행하게 한다.

04
정답 ①

지도의 축척이 1 : 50,000이므로 호텔에서 공원까지의 실제 거리는 $10 \times 50,000 = 500,000\text{cm} = 5\text{km}$이다. 따라서 신영이가 호텔에서 출발하여 공원에 도착하는 데 걸리는 시간은 $\frac{5}{30} = \frac{1}{6} = 10$분이다.

05
정답 ①

1학년 학생 수를 x명, 2학년 학생 수를 y명, 3학년 학생 수를 z명이라고 하면,
$y + z = 350$ …… ㉠
$x + z = 250$ …… ㉡
$x + y = 260$ …… ㉢
㉠, ㉡, ㉢을 모두 더하면 $2(x + y + z) = 860$이다. 이때, $y + z$는 350이므로 $x + 350 = 430 \rightarrow x = 80$이다.
따라서 1학년 학생은 총 80명이다.

06

2017년부터 2019년까지 경기 수가 증가하는 스포츠는 배구와 축구 종목이다.

오답분석

① 농구의 전년 대비 2017년 경기 수 감소율은 $\frac{413-403}{413}\times100$

≒2.4%이며, 전년 대비 2020년 경기 수 증가율은 $\frac{410-403}{403}$

$\times100$≒1.7%이다. 따라서 전년 대비 2017년 경기 수 감소율이 더 높다.

② 2016년 농구와 배구의 경기 수 차이는 413−226=187회이고, 야구와 축구의 경기 수 차이는 432−228=204회이다. 따라서 $\frac{187}{204}\times100$≒91.7%이므로 90% 이상이다.

③ 5년 동안의 종목별 스포츠 경기 수 평균은 다음과 같다.

• 농구 : $\frac{413+403+403+403+410}{5}=406.4$회

• 야구 : $\frac{432+442+425+433+432}{5}=432.8$회

• 배구 : $\frac{226+226+227+230+230}{5}=227.8$회

• 축구 : $\frac{228+230+231+233+233}{5}=231.0$회

따라서 야구 평균 경기 수는 축구 평균 경기 수의 약 1.87배로 2배 이하이다.

⑤ 2020년 경기 수가 5년 동안의 각 종목별 평균 경기 수보다 적은 스포츠는 야구이다.

07

• (가) : 외부의 기회를 활용하면서 내부의 강점을 더욱 강화시키는 SO전략에 해당한다.
• (나) : 외부의 기회를 활용하여 내부의 약점을 보완하는 WO전략에 해당한다.
• (다) : 외부의 위협을 회피하며 내부의 강점을 적극 활용하는 ST전략에 해당한다.
• (라) : 외부의 위협을 회피하고 내부의 약점을 보완하는 WT전략에 해당한다.

08

제시문에서는 개념을 이해하면서도 개념의 사례를 식별하지 못하는 경우와, 개념의 사례를 식별할 수 있으나 개념을 이해하지 못하는 경우를 통해 개념의 사례를 식별하는 능력과 개념을 이해하는 능력은 서로 필요충분조건이 아니라고 주장한다. 이런 제시문의 주장과 달리 ③은 개념을 이해하지 못하면 개념의 사례를 식별하지 못하는 인공지능의 사례로 오히려 개념의 사례를 식별해야만 개념을 이해할 수 있다는 주장을 강화한다. 따라서 제시문의 논지를 약화하는 것으로 ③이 가장 적절하다.

오답분석

① 개념을 이해하지 못해도 개념의 사례를 식별할 수 있다는 사례로 논지를 강화한다.
② 개념의 사례를 식별할 수 있으나 개념을 이해하지 못할 수 있다는 사례로 논지를 강화한다.
④ 침팬지가 정육면체 상자를 구별하는 것이 아니라 숨겨진 과자를 찾아내는 사례로 제시문의 내용과 관련이 없다.
⑤ 개념의 사례를 식별할 수 없어도 개념을 이해할 수 있다는 사례로 논지를 강화한다.

09

두 번째 조건에 따르면 여자 직원 중 1명은 반드시 제외되어야 하므로 1명의 남자 직원과 3명의 여자 직원은 한 팀으로 구성될 수 없다. 또한, 세 번째 조건과 다섯 번째 조건에 따르면 가훈, 나훈 중 적어도 한 사람을 뽑을 경우 라훈, 소연을 뽑아야 하고, 소연을 뽑으면 모연을 반드시 함께 뽑아야 하므로 전담팀은 남자 직원 4명으로만 구성될 수 없으며, 남자 직원 3명과 여자 직원 1명으로도 구성될 수 없다. 따라서 전담팀은 남자 직원 2명, 여자 직원 2명으로만 구성될 수 있다. 네 번째 조건과 다섯 번째 조건에 따르면 다훈을 뽑을 경우 모연, 보연, 소연을 모두 뽑을 수 없으므로 다훈을 팀원으로 뽑을 수 없다(∵ 남자 직원 4명으로만 팀이 구성될 수 없다).

주어진 모든 조건을 고려하여 구성할 수 있는 전담팀은 다음과 같다.

1) 가훈, 라훈, 소연, 모연
2) 나훈, 라훈, 소연, 모연

따라서 전담팀은 남녀 각각 동일한 수 2명으로 구성되며(ㄱ), 다훈과 보연은 둘 다 팀에 포함되지 않는다(ㄴ). 또한, 라훈과 모연은 둘 다 반드시 팀에 포함된다(ㄷ).

10

김 과장이 2주 차 월요일에 단식을 했기 때문에, 1주 차 토요일과 일요일은 반드시 세 끼 식사를 해야 한다. 또한 목요일은 업무약속으로 점심식사를 했으므로 단식을 할 수 없다.

구분	월요일	화요일	수요일	목요일	금요일	토요일	일요일
아침	○		○	○	○	○	○
점심				○		○	○
저녁			○	○		○	○

• 월요일에 단식을 했을 경우
화・수요일은 세 끼 식사를 해야 한다. 그러면 금요일이 단식일이 되는데, 이 경우 네 번째 조건을 만족하지 못한다.
• 화요일(아침에 식사)에 단식을 했을 경우
월・수・목요일은 세 끼 식사를 해야 한다. 그러면 금요일이 단식일이 되는데, 이 경우 네 번째 조건을 만족하지 못한다.
• 화요일(저녁에 식사)에 단식을 했을 경우
월・수・목요일은 세 끼 식사를 해야 한다. 그러면 금요일이 단식일이 되는데, 이 경우 모든 조건을 만족한다.

11
정답 ②

'SOC, 산업·중소기업, 통일·외교, 공공질서·안전, 기타'의 5개 분야에서 전년 대비 재정지출액이 증가하지 않았으므로 옳은 설명이다.

오답분석

① 교육 분야의 전년 대비 재정지출 증가율은 다음과 같다.

- 2017년 : $\frac{27.6-24.5}{24.5}\times100 ≒ 12.7\%$

- 2018년 : $\frac{28.8-27.6}{27.6}\times100 ≒ 4.3\%$

- 2019년 : $\frac{31.4-28.8}{28.8}\times100 ≒ 9.0\%$

- 2020년 : $\frac{35.7-31.4}{31.4}\times100 ≒ 13.7\%$

따라서 교육 분야의 전년 대비 재정지출 증가율이 가장 높은 해는 2020년이다.

③ 2016년에는 기타 분야가 예산에서 차지하고 있는 비율이 더 높았다.

④ 'SOC(-8.6%), 산업·중소기업(2.5%), 환경(5.9%), 기타(-2.9%)' 분야가 해당한다.

⑤ 통일·외교 분야는 '증가 - 증가 - 감소 - 증가'이고, 기타 분야는 '감소 - 감소 - 증가 - 증가'로 두 분야의 증감추이는 동일하지 않다.

12
정답 ②

- 사회복지·보건 분야의 2018년 대비 2019년 재정지출 증감률
  : $\frac{61.4-56.0}{56.0}\times100 ≒ 9.6\%$

- 공공질서·안전 분야의 2018년 대비 2019년 재정지출 증감률
  : $\frac{10.9-11.0}{11.0}\times100 ≒ -0.9\%$

따라서 두 분야의 2018년 대비 2019년 재정지출 증감률 차이는 $9.6-(-0.9)=10.5\%$p이다.

13
정답 ④

- 올리브 통조림 주문량 : $15÷3=5$캔
  → 올리브 통조림 구입 비용 : $5,200×5=26,000$원
- 메추리알 주문량 : $7÷1=7$봉지
  → 메추리알 구입 비용 : $4,400×7=30,800$원
- 방울토마토 주문량 : $25÷5=5$Box
  → 방울토마토 구입 비용 : $21,800×5=109,000$원
- 옥수수 통조림 주문량 : $18÷3=6$캔
  → 옥수수 통조림 구입 비용 : $6,300×6=37,800$원
- 베이비 채소 주문량 : $4÷0.5=8$Box
  → 베이비 채소 구입 비용 : $8,000×8=64,000$원

따라서 B지점의 재료 구입 비용의 총합은 $26,000+30,800+109,000+37,800+64,000=267,600$원이다.

14
정답 ④

B대리는 A사원의 질문에 대해 명료한 대답을 하지 않고 모호한 태도를 보이고 있으므로 협력의 원리 중 태도의 격률을 어기고 있음을 알 수 있다.

15
정답 ③

①·②·④·⑤는 동의어 또는 다의어의 관계로 사전에 하나의 단어로 등재되어 있으나, ③의 '쓰다'는 동음이의어의 관계로 사전에 서로 다른 단어로 등재되어 있다.

- 쓰다¹ : 원서, 계약서 등과 같은 서류 따위를 작성하거나 일정한 양식을 갖춘 글을 쓰는 작업을 하다.
- 쓰다² : 힘이나 노력 따위를 들이다.

오답분석

① 타다 : 바람이나 물결, 전파 따위에 실려 퍼지다.
② 머리 : 1. 머리털
  　　　 2. 생각하고 판단하는 능력
④ 손 : 1. 손가락
  　 　2. 어떤 일을 하는 데 드는 사람의 힘이나 노력, 기술
⑤ 들다 : 1. 물감, 색깔, 물기, 소금기가 스미거나 배다.
  　　　 2. 어떤 일이나 기상 현상이 일어나다.

16
정답 ①

비율점수법의 결과와 순위점수법의 결과를 정리하면 다음과 같다.

(단위 : 점)

구분	비율점수법		순위점수법
	전체합	중앙 3합	순위점수합
종현	28	19	11
유호	33	21	10
은진	28	18	9

순위점수합이 가장 큰 지원자는 종현(11점)이므로 옳은 내용이다.

오답분석

② 비율점수법 중 중앙 3합이 가장 큰 지원자는 유호(21점)이나 순위점수합이 가장 큰 지원자는 종현(11점)이므로 옳지 않은 내용이다.

③ 비율점수법 적용 결과에서 평가점수의 전체합이 큰 값부터 등수를 정하면 1등 유호, 2등 종현, 은진이나 중앙 3합이 큰 값부터 등수를 정하면 1등 유호, 2등 종현, 3등 은진이므로 옳지 않은 내용이다.

④ 비율점수법 적용 결과에서 평가점수의 전체합이 가장 큰 지원자는 유호(33점)이므로 옳지 않은 내용이다.

⑤ 비율점수법 적용 결과에서 중앙 3합이 높은 값부터 등수를 정하면 1등 유호(21점), 2등 종현(19점), 3등 은진(18점)이므로 옳지 않은 내용이다.

17

정답 ②

$\dfrac{\text{(대학졸업자 중 취업자)}}{\text{(전체 대학졸업자)}} \times 100 = \text{(대학졸업자 취업률)} \times \text{(대학졸업}$

자의 경제활동인구 비중$) \times \dfrac{1}{100}$

따라서 OECD 평균은 $40 \times 50 \times \dfrac{1}{100} = 20\%$이고, 이보다 높은 국

가는 B, C, E, F, G, H이다.

18

정답 ①

세 번째와 다섯 번째 조건으로부터 A사원은 야근을 3회, 결근을 2회 하였고, 네 번째와 여섯 번째 조건으로부터 B사원은 지각을 2회, C사원은 지각을 3회 하였다. C사원의 경우 지각을 3회 하였으므로 결근과 야근을 각각 1회 또는 2회 하였는데, 근태 총 점수가 -2점이므로 지각에서 -3점, 결근에서 -1점, 야근에서 $+2$점을 얻어야 한다. 그러므로 결근을 1회, 야근을 2회 하였다. 마지막으로 B사원은 근태 총 점수가 -4점이므로 결근을 3회, 야근을 1회 하였다. 이를 표로 정리하면 다음과 같다.

(단위 : 회)

구분	A	B	C	D
지각	1	2	3	1
결근	2	3	1	1
야근	3	1	2	2
근태 총 점수(점)	0	-4	-2	0

따라서 C사원이 지각을 가장 많이 하였다.

19

정답 ①

18번의 결과로부터 A사원과 B사원은 지각보다 결근을 많이 하였음을 알 수 있다.

20

정답 ④

2016년 대비 2020년 소포우편 분야의 매출액 증가율은

$\dfrac{5,017 - 3,390}{3,390} \times 100 ≒ 48.0\%$이므로 옳지 않은 설명이다.

오답분석

① 매년 매출액이 가장 높은 분야는 일반통상 분야임을 알 수 있다.

② 일반통상 분야의 매출액은 2017년, 2018년, 2020년, 특수통상 분야의 매출액은 2019년, 2020년에 감소하고 있고, 소포우편 분야는 매년 매출액이 꾸준히 증가하고 있다.

③ 2020년 1분기 특수통상 분야의 매출액이 차지하고 있는 비율은 $\dfrac{1,406}{5,354} \times 100 ≒ 26.3\%$이므로 20% 이상이다.

⑤ 2019년에는 전체 매출액에서 일반통상 분야의 매출액이 차지하는 비율은 $\dfrac{11,107}{21,722} \times 100 ≒ 51.1\%$이므로 옳은 설명이다.

21

정답 ③

첫 번째 조건에 따라 주거복지기획부가 반드시 참석해야 하므로 네 번째 조건의 대우에 의해 산업경제사업부는 참석하지 않는다. 다섯 번째 조건에 따라 두 경우로 나타내면 다음과 같다.

• 노사협력부가 참석하는 경우

세 번째 조건의 대우에 따라 인재관리부는 참석하지 않으며, 다섯 번째 조건에 따라 공유재산관리부도 불참하고, 공유재산개발부는 참석할 수도 있고 참석하지 않을 수도 있다.

그러므로 주거복지기획부, 노사협력부, 공유재산개발부가 주간 회의에 참석할 수 있다.

• 공유재산관리부가 참석하는 경우

두 번째 조건에 따라 공유재산개발부도 참석하며, 다섯 번째 조건에 따라 노사협력부는 참석하지 않고, 인재관리부는 참석할 수도 있고 참석하지 않을 수도 있다.

그러므로 주거복지기획부, 공유재산관리부, 공유재산개발부, 인재관리부가 주간 회의에 참석할 수 있다.

따라서 이번 주 주간 회의에 참석할 부서의 최대 수는 4개이다.

22

정답 ②

주택 또는 상가의 임대차계약은 민법에 대한 특례를 규정한 주택임대차보호법 및 상가건물 임대차보호법의 적용을 받는다.

23

정답 ③

'대가로'가 올바른 표기이다. '대가'가 [대:까]로 발음되는 까닭으로 사이시옷을 붙여 '댓가'로 표기하는 오류가 많다. 한자어의 경우 2음절로 끝나는 6개의 단어(숫자, 횟수, 셋방, 곳간, 툇간, 찻간)만 예외적으로 사이시옷이 붙는다.

24

정답 ④

• 세 번째 조건에 따라 빨간색 모자를 착용한 사람은 5명, 파란색 모자를 착용한 사람은 7명이다.

• 첫 번째 조건에 따라 파란색 하의를 착용한 사람은 5명, 빨간색 하의를 착용한 사람은 7명이다.

• 두 번째 조건에 따라 파란색 상의와 하의를 착용한 사람의 수를 x명이라 하면, 빨간색 상의와 하의를 착용한 사람의 수는 $(6-x)$명이다. 또한, 파란색 상의와 빨간색 하의를 착용한 사람의 수는 $7-(6-x)=(x+1)$이고, 빨간색 상의와 파란색 하의를 착용한 사람의 수는 $(5-x)$이다.

• 네 번째 조건에 따라 $x+(x+1)=7$이고 $x=3$이다.

따라서 하의만 빨간색인 사람은 4명이다.

25

제시문의 내용을 정리하면 다음과 같다.
ⅰ) 갑수>정희
ⅱ) 을수≤정희
ⅲ) 을수≤철희
ⅳ) 갑수≤병수
ⅴ) (철희+1=병수) or (병수+1=철희)
이를 정리하면, '을수≤정희<갑수'의 관계를 알 수 있으며 병수가 갑수보다 어리지는 않다고 하였으므로 병수는 가장 나이가 적은 사람은 아니게 된다. 그리고 철희의 나이가 병수보다 한 살 더 많은 경우를 생각해본다면, 철희의 나이가 갑수의 나이보다 더 많게 되어 철희는 갑수보다 반드시 나이가 적은 사람이 아니게 된다. 따라서 어떠한 경우에도 갑수보다 나이가 어린 사람은 정희와 을수임을 알 수 있다.

| 02 | 직무수행능력평가

26
정답 ③

프리스트레스의 감소 원인
• 콘크리트의 탄성 변형
• PS 강재와 쉬스 사이의 마찰
• 정착 장치에서의 긴장재의 활동
• 콘크리트의 크리프
• 콘크리트의 건조 수축
• PS 강재의 릴렉세이션

27
정답 ⑤

고정 크로싱은 노즈(Nose)부가 고정되어 있는 것으로 노즈(Nose)부에 충격이 발생하여 마모가 쉽다. 내구성이 좋아 높은 속도에 적합한 것은 가동 크로싱이다.

28
정답 ①

철도 건널목에 열차 또는 차량이 접근한 경우 자동적으로 자동차 등을 검지하는 장치는 장해물검지장치이다. EB장치는 승무원의 실신, 졸음 등의 이상 상태가 생겼을 때 대응하는 운전대의 보안장치를 말한다.

29
정답 ②

2개 이상의 선로가 근접한 지점에 공동으로 설치된 정거장은 접촉정거장이다. 분기정거장은 본선에서 다른 방향으로 갈라지는 선에 위치한 정거장이다.

30
정답 ④

오답분석
① ABS(Automatic Block System) : 자동폐색장치
② MBS(Moving Block System) : 지능형 열차제어시스템
③ CTC(Centralized Traffic Control) : 열차집중제어장치
⑤ KRTCS(Korea Radio Based Train Control System) : 한국형 무선기반 열차제어시스템

31
정답 ④

중력모델법은 두 지역 간의 교통량이 두 지역의 수송수요 발생량 크기의 제곱에 비례하고, 두 지역 간의 거리에 반비례하는 예측모델법이다.

32
정답 ⑤

콘크리트도상의 건설비는 자갈도상보다 약 5배 비싸다. 따라서 건설비의 경우 자갈도상이 저렴하며, 콘크리트도상이 고가이다.

33
정답 ④

일라이트(Illite)는 2개의 실리카판과 1개의 알루미나판으로 이루어진 구조이며, 3층 구조로 구조결합 사이에 불치환성 양이온(K^+)이 있다.

34
정답 ②

②는 장기처짐에 대한 설명이다. 장기처짐은 크리프, 건조수축 등으로 인하여 시간의 경과와 함께 진행되는 처짐이다. 장기처짐량은 탄성처짐량에 장기처짐계수(Gamma)를 곱하여 구한다.

35
정답 ④

교량은 통과 차량에 의해 반복 하중을 계속 받기 때문에 피로 강도가 커야 한다.

36
정답 ③

반경 1,500m 미만의 반향 곡선은 연속해서 1개의 장대레일로 할 수 없으나, 반경 1,500m 이상의 반향 곡선의 경우 장대레일을 부설할 수 있다.

오답분석
① 자갈도상구간의 반경 300m 미만의 곡선에는 부설하지 않는다.
② 기울기 변경점의 종곡선은 반경 3,000m 이상이어야 한다.
④ 전장 25m 이상인 무도상 교량은 가능한 한 피한다.
⑤ 선로의 밀림이 심한 구간은 피하여야 한다.

37
정답 ①

노반 침하계수가 일정치 이상이어야 한다.

38
정답 ⑤

레일 용접부에 대한 외관검사 시 두부면의 요철과 균열, 굽힘과 비틀림, 언더컷과 블로우홀을 검사해야 하며, 결점이 있어서는 안 된다.

39
정답 ④

뒷부벽을 T형보로, 앞부벽을 직사각형보로 보고, 전면벽과 저판을 연속 슬래브로 보아 설계한다.

40
정답 ②

용존산소 복귀율이 최대로 되었다가 점차 감소하기 시작하는 점은 변곡점이다.

41
정답 ②

DAD 해석은 최대 우량깊이, 유역면적, 강우지속시간과의 관계를 수립하는 작업이며, 유역면적을 대수축에, 최대 평균강우량을 산술축에 표시한다.

42
정답 ②

Terzaghi와 Peck의 경험식에 의해 다음과 같이 구할 수 있다.
$C_c = 0.009 \times (w_L - 10) = 0.009 \times (40 - 10) = 0.27$

43
정답 ②

전단력이 0인 곳에 최대 휨모멘트가 일어난다. 제시된 그림에 의하면 $R_A = 4.5t$, $R_B = 13.5t$이다. B점에서 x인 곳이 전단력 0이라면 $\sum V = 0$이다.
$4.5 - 3(6 - x) = 0$
$\therefore x = 4.5m$

44
정답 ③

장대레일의 보수 시 도상의 표면 자갈은 충분하게 다짐해야 한다.

오답분석
① 침목측면을 노출시키지 않아야 한다.
② 도상어깨폭은 400mm 이상 확보해야 한다.
④·⑤ 도상저항력이 부족한 경우는 도상어깨폭에 자갈을 보충해야 한다.

45
정답 ⑤

오답분석
① 도상압력
② 좌굴응력
③ 도상종저항력
④ 도상횡저항력

46
정답 ②

전철변전소의 위치(철도의 건설기준에 관한 규정 제30조)
전철변전소나 급전구분소 등의 위치는 다음 각 호의 사항을 고려하여 결정하여야 한다.
• 전원에 가까운 곳(변전소에만 해당)
• 변압기 등 변전기기와 시설자재의 운반이 편리한 곳
• 공해, 염해 등 각종 재해의 영향이 최소화되는 곳
• 보호지구(개발제한지구, 문화재보호지구, 군사시설보호지구 등) 또는 보호시설물에 가급적 지장을 주지 아니하는 곳
• 변전소나 구분소 앞 절연구간에서 열차의 타행운전(동력을 주지 아니하고 관성으로 운전하는 것을 말한다)이 가능한 곳
• 민원발생 요인이 적은 곳

47
정답 ③

정거장 구내의 본선 이외의 선로를 모두 측선이라 하며, 그 사용 목적에 따라 유치선, 입환선, 화물적하선, 세차선, 검수선, 수선선, 기회선, 대피선, 안전측선, 대피측선 등으로 분류한다.

ㄱ. 세차선 : 차량의 차체를 씻기 위하여 사용하는 측선이다.
ㄴ. 화물적하선 : 화차를 열차에서 해방시켜 화물적하장에 차입하여 화물의 적재 및 하화 작업을 하는 측선이다.
ㅁ. 기회선 : 기관차를 바꾸어 달거나 기관차를 회송할 경우 정거장 구내에서 기관차 전용의 통로로 사용하는 측선이다.

오답분석

ㄷ. 가공선 : 전력의 배전용 또는 송전용으로 사용하는 전차선이다.
ㄹ. 간단선 : 통신회선 장애의 일종으로 단선 및 반단선이 불완전 상태로 순간적으로 변동하는 상태이다.

48
정답 ⑤

차막이는 일반적으로 레일을 만곡(彎曲)하여 설치한다.

49
정답 ②

승강장(철도의 건설기준에 관한 규정 제23조)

① 승강장의 통로 및 계단은 여객의 안전을 고려하여 다음 각 호와 같이 설치해야 한다.
　1. 여객용 통로 및 여객용 계단의 폭은 3m 이상
　2. 여객용 계단에는 높이 3m마다 계단참 설치
　3. 여객용 계단에는 손잡이 설치
　4. 화재에 대비하여 통로에 방향 유도등을 설치 등
② 승강장 지붕의 폭 및 길이는 승강장의 규모, 열차의 길이 및 열차의 종류 등을 고려하여 설치해야 한다.

50
정답 ②

항공사진의 특수 3점은 주점, 연직점, 등각점이며 사진의 경사각이 0°인 경우 특수 3점은 일치한다.

안심Touch

제2회 모의고사 정답 및 해설

01	02	03	04	05	06	07	08	09	10
③	⑤	①	④	②	③	④	①	①	③
11	12	13	14	15	16	17	18	19	20
①	⑤	③	④	③	③	④	③	⑤	③
21	22	23	24	25	26	27	28	29	30
③	②	①	⑤	⑤	③	①	③	④	②
31	32	33	34	35	36	37	38	39	40
②	④	③	①	⑤	①	④	①	④	③
41	42	43	44	45	46	47	48	49	50
⑤	①	①	①	③	③	④	③	⑤	②

| 01 | 직업기초능력평가

01
정답 ③

(나) 현재 우리나라 자동차 소유자들은 교통문화정착보다는 '어떤 자동차를 운행하는가?'를 더 중요시함 → (가) 우리 주변에서 불법개조 자동차를 자주 볼 수 있음 → (다) 불법개조 자동차에 따른 문제점을 해결하기 위해 불법자동차 연중 상시 단속을 시행함의 순서로 나열하는 것이 적절하다.

02
정답 ⑤

임시번호판이란 정식으로 차량 등록을 하기 전에 운행이 필요한 사람들이 임시번호를 달고 운행을 하는 것으로, 임시번호판에는 허가기간(10일)과 차량 출고지 행정 구역, 임시번호가 새겨져 있다.

03
정답 ①

ㄱ. 제시문의 '나'는 동물과 인간의 생리적·심리적 유사성을 전제로 하는 동물실험에서 동물을 실험에 이용해도 된다는 이유로 인간과 동물이 다르다는 것을 제시하는 것은 모순적이라고 비판한다.

오답분석

ㄴ. 동물 실험은 인간과 동물의 생리적·심리적 유사성을 전제로 하기 때문에 모순적 상황에 놓여 있다.

ㄷ. 인간과 원숭이 간에 심리적 유사성이 존재하기 때문에 원숭이를 정서적으로 고립시켜 고통과 우울을 느끼도록 한 실험은 윤리적으로 정당화될 수 없다.

04
정답 ④

제시된 상황의 소는 2,000만 원을 구하는 것이므로 소액사건에 해당한다. 이에 따라 각 심급별 송달료를 계산하면 다음과 같다.
- 민사 제1심 소액사건 : $2 \times 3,200 \times 10 = 64,000$원
- 민사 항소사건 : $2 \times 3,200 \times 12 = 76,800$원

따라서 갑이 납부하는 송달료의 합계는 $64,000 + 76,800 = 140,800$원이다.

05
정답 ②

ㄱ. 한류의 영향으로 한국 제품을 선호하므로 한류 배우를 모델로 하여 적극적인 홍보 전략을 추진한다.

ㄷ. 빠른 제품 개발 시스템이 있기 때문에 소비자 기호를 빠르게 분석하여 제품 생산에 반영한다.

오답분석

ㄴ. 인건비 상승과 외국산 저가 제품 공세 강화로 인해 적절한 대응이라고 볼 수 없다.

ㄹ. 선진국은 기술 보호주의를 강화하고 있으므로 적절한 대응이라고 볼 수 없다.

06
정답 ③

K공사에서 거래처까지의 거리를 $x$km라고 하면, 거래처까지 가는 데 걸린 시간은 $\dfrac{x}{80}$ 시간이고, 거래처에서 돌아오는 데 걸리는 시간은 $\dfrac{x}{120}$ 시간이다.

$$\frac{x}{80} + \frac{x}{120} \leq 1 \rightarrow 3x + 2x \leq 240 \rightarrow 5x \leq 240 \rightarrow x \leq 48$$

따라서 거래처와 K공사의 거리는 최대 48km이다.

07

정답 ④

문제에서 D전시관 앞을 지나간 인원이 제시되어 있는 상태에서 B전시관 앞을 지나간 인원을 구해야 하므로 이를 같이 고려한다. 상단의 출입구를 (가)라 하고 하단의 출입구를 (나)라 부른다면 아래와 같이 정리할 수 있다.

구분	인원수(명)	D 통과여부	B 통과여부
(가) → (가)		○	○
(나) → (나)		○	○
(가) → (나)		×	○
(나) → (가)		○	×

먼저 전체 인원이 400명인데 D를 통과한 인원이 350명이라고 하였으므로 D를 통과하지 않은 (가) → (나) 코스를 이용한 인원은 50명임을 알 수 있다. 다음으로 한 바퀴를 돈 인원이 200명이라고 하였으므로 (가) → (가) 코스와 (나) → (나) 코스를 이용한 인원의 합이 200명임을 알 수 있다. 따라서 마지막 남은 (나) → (가) 코스의 인원은 전체 400명과의 차이인 150명임을 알 수 있다.

구분	인원수(명)	D 통과여부	B 통과여부
(가) → (가)	200	○	○
(나) → (나)		○	○
(가) → (나)	50	×	○
(나) → (가)	150	○	×

결과적으로 B를 통과한 인원은 전체 400명 중 B를 통과하지 않은 인원의 수를 차감한 수이므로 정답은 250명이 된다.

08

정답 ①

1971년 미국의 프로그래머가 잊혀지다시피 하였던 @ 키를 살려내기 전까지 @ 키는 자리를 지키고 있었다. 단지 사용 빈도가 점차 줄어들었을 뿐이다.

오답분석

② 제시문에서 6세기에 @가 라틴어 전치사인 'ad'를 한 획에 쓰기 위한 합자로 사용되었다. 따라서 @를 사용하기 시작한 것은 1,000년이 넘었다는 것을 알 수 있다.

③ '토마토 15개@3달러'라는 의미는 1개당 3달러인 토마토가 15개라는 의미이므로 전체 가격은 45달러였을 것이다.

④ 제시문을 통해 ad는 현대 영어의 'at' 또는 'to'에 해당하는 전치사, 부피, 질량의 단위, 이메일 기호로 사용되었음을 알 수 있다.

⑤ 스페인과 포르투갈의 상인들은 @를 질량의 단위인 아로바를 나타내는 기호로 사용하였는데, 스페인에서의 1아로바는 현재의 9.5kg에 해당하며, 포르투갈에서의 1아로바는 현재의 12kg에 해당한다고 하였다. 따라서 두 나라의 상인이 측정단위로 사용했던 1@의 질량은 동일하지 않았을 것이다.

09

정답 ①

한 개인의 특수한 감각을 지시하는 용어는 올바른 사용 여부를 판단할 수 없기 때문에 아무런 의미를 갖지 않는다고 하였다. 따라서 본인만이 느끼는 감각을 지시하는 용어는 아무 의미도 없을 것이라는 것을 추론할 수 있다.

10

정답 ③

ⓒ과 ⓔ이 정언 명제이므로 함축관계를 판단하면 ③이 정답임을 알 수 있다.

오답분석

① 공격수라면 안경을 쓰고 있지 않다.

② A팀의 공격수라면 검정색 상의를 입고 있고, 축구화를 신고 있지 않다.

④ 김 과장이 검정색 상의를 입고 있다는 조건으로 안경을 쓰고 있는지 여부를 판단할 수 없다.

⑤ 수비수가 아니라면 안경을 쓰고 있지 않다는 것은 알 수 있지만 수비수라는 사실만으로는 안경을 썼는지 안썼는지 알 수 없다.

11

정답 ①

• (가)・(바) : 곤충 사체 발견, 방사능 검출은 현재 직면한 문제로 발생형 문제에 해당한다.

• (다)・(마) : 더 많은 전압을 회복시킬 수 있는 충전지 연구와 근로시간 단축은 현재 상황보다 효율을 더 높이기 위한 문제로 탐색형 문제에 해당한다.

• (나)・(라) : 초고령사회와 드론시대를 대비하여 미래지향적인 과제를 설정하는 것은 설정형 문제에 해당한다.

12

정답 ⑤

• (가) : '보호지역으로 지정되었음에도 실제로는 최소한의 것도 실시되지 않는 곳이 많다.'라는 부분을 통해 형식적인 보호지역 지정에 더해 실질적인 행동, 즉 보호조치(ㄹ)가 필요하다는 내용이 들어가야 함을 알 수 있다.

• (나) : 생태계 훼손에 대한 비용 부담은 높이고 생물다양성의 보존 등에 대해서는 보상을 한다는 부분을 통해 경제적인 유인책(ㄴ)에 대한 내용이 들어가야 함을 알 수 있다.

• (다) : 요금을 부과함으로써 생태계의 무분별한 이용을 억제한다는 부분을 통해 생태계 사용료(ㄱ)에 대한 내용이 들어가야 함을 알 수 있다.

• (라) : 생물다양성 친화적 제품 시장이라는 표현을 통해 생물다양성 보호 제품(ㄷ)에 대한 내용이 들어가야 함을 알 수 있다.

13 정답 ③

전년 대비 2018 ~ 2020년 가정 어린이집을 이용하는 0 ~ 2세 영유아 수의 차이는 다음과 같다.
- 2018년 : 222,332−193,412=28,920명 증가
- 2019년 : 269,243−222,332=46,911명 증가
- 2020년 : 298,470−269,243=29,227명 증가

따라서 전년 대비 가정 어린이집을 이용하는 0 ~ 2세 영유아 수는 2019년에 가장 크게 증가했다.

오답분석

① 2017 ~ 2020년 0 ~ 2세와 3 ~ 4세 국·공립 어린이집 이용 영유아 수는 꾸준히 증가하고 있다.
② 2017 ~ 2020년 부모협동 어린이집과 직장 어린이집을 이용하는 영유아 수는 모든 연령대에서 꾸준히 증가하고 있다.
④ 법인 어린이집을 이용하는 5세 이상 영유아 수는 매년 감소하고 있다.
⑤ 3 ~ 4세 영유아가 가장 많이 이용하는 곳을 순서대로 나열한 상위 3곳은 매년 '민간 어린이집, 국·공립 어린이집, 법인 어린이집' 순서이다.

14 정답 ④

- 2017년 전체 어린이집 이용 영유아 수의 합
  : 501,838+422,092+211,521=1,135,451명
- 2020년 전체 어린이집 이용 영유아 수의 합
  : 739,332+455,033+154,364=1,348,729명

따라서 2017년과 2020년 전체 어린이집 이용 영유아 수의 차는 1,348,729−1,135,451=213,278명이다.

15 정답 ③

(65세 이상 인구)=[고령화지수(%)]×(0 ~ 14세 인구)÷100
=19.7×50,000÷100=9,850명

따라서 1999년 65세 이상 인구는 9,850명이다.

16 정답 ③

2014년 대비 2019년의 고령화지수는 $\frac{107.1-69.9}{69.9}\times100≒53\%$ 증가했다.

17 정답 ④

㉠ 노인부양비 추이는 5년 단위로 계속 증가하고 있음을 알 수 있다.
㉢ 2004년 대비 2009년의 노인부양비 증가폭은 11.3−7.0 =4.3%p이므로 옳은 설명이다.

㉣ 5년 단위의 고령화지수 증가폭은 다음과 같다.
- 1999년 대비 2004년 증가폭 : 27.6−19.7=7.9%p
- 2004년 대비 2009년 증가폭 : 43.1−27.6=15.5%p
- 2009년 대비 2014년 증가폭 : 69.9−43.1=26.8%p
- 2014년 대비 2019년 증가폭 : 107.1−69.9=37.2%p

따라서 5년 단위의 고령화지수 증가폭은 2014년 대비 2019년 증가폭이 가장 크다.

오답분석

㉡ 고령화지수 추이는 계속 증가하고 있지만, 같은 비율로 증가하고 있지는 않다.

18 정답 ③

ㄱ. '사적 한계순생산가치'란 한 기업이 생산과정에서 투입물 1단위를 추가할 때 그 기업에 의해 직접 발생하는 순생산가치의 증가분이며 여기에 부가적으로 발생하는 사회적 비용과 편익을 고려한 것이 '사회적 한계순생산가치'이다. 따라서 '사적 한계순생산가치'에는 사회적 편익이 고려되지 않으므로 옳은 내용이다.
ㄴ. '사회적 한계순생산가치'는 '사적 한계순생산가치'에 부가적으로 발생하는 사회적 비용과 편익을 고려한 것이다. 그런데 이것이 존재하지 않는다면 '사적 한계순생산가치'와 '사회적 한계순생산가치'가 동일하게 되므로 옳은 내용이라고 볼 수 있다.

오답분석

ㄷ. 사회에 부가적으로 발생하는 비용이 동일하다고 하더라도 각 기업의 '사적 한계순생산가치'와 부가적으로 발생하는 사회적 편익이 다르다면 기업 A와 B의 '사회적 한계순생산가치'는 다르게 되므로 옳지 않은 내용이다.

19 정답 ⑤

제시문은 '과학적 용어'에 대한 글이다. 제시문에서는 모래언덕의 높이, 바람의 세기, 저온의 온도를 사례로 들어 과학자들은 모호한 것은 싫어하지만 대화를 통해 상황에 적절한 합의를 도출한다고 설명하고 있다. 따라서 과학적 용어가 엄밀하고 보편적인 정의에 의해 객관성이 보장된다는 ⑤가 주장에 대한 비판적 논거로 적절하다.

20 정답 ③

2015년과 2020년을 비교했을 때, 국유지 면적의 차이는 24,087 −23,033=1,054km² 이고, 법인 면적의 차이는 6,287−5,207 =1,080km² 이므로 법인 면적의 차이가 더 크다.

오답분석

① 국유지 면적은 매년 증가하고, 민유지 면적은 매년 감소하는 것을 확인할 수 있다.

② 전년 대비 2016 ~ 2020년 군유지 면적의 증가량은 다음과 같다.
- 2016년 : $4,788-4,741=47km^2$
- 2017년 : $4,799-4,788=11km^2$
- 2018년 : $4,838-4,799=39km^2$
- 2019년 : $4,917-4,838=79km^2$
- 2020년 : $4,971-4,917=54km^2$

따라서 군유지 면적의 증가량은 2019년에 가장 많다.
④ 전체 국토면적은 매년 증가하고 있는 것을 확인할 수 있다.
⑤ 전년 대비 2020년 전체 국토면적의 증가율은
$\frac{100,033-99,897}{99,897}\times100 ≒ 0.14\%$이므로 1% 미만이다.

21
정답 ③

두 번째 · 네 번째 조건에 따르면 수험서는 가장 먼저 구매하지 않았고, 수험서를 구매한 다음 바로 에세이를 구매했다. 첫 번째 조건에서 잡지를 만화 · 소설보다 먼저 구매했다고 하였으므로 잡지를 가장 먼저 구매한 것을 알 수 있다. 다섯 번째 조건에 따르면 에세이나 소설을 마지막에 구매하지 않았으므로 만화를 마지막에 구매한 것을 알 수 있다. 세 번째 조건에 따르면 에세이와 만화를 연달아 구매하지 않았으므로 소설을 네 번째로 구매한 것을 알 수 있다. 제시된 〈조건〉을 표로 정리하면 다음과 같다.

첫 번째	두 번째	세 번째	네 번째	다섯 번째
잡지	수험서	에세이	소설	만화

22
정답 ②

$C+D<A \cdots ㉠$
$A+C<E \cdots ㉡$
$A+B>C+E \cdots ㉢$
$B=C+D \cdots ㉣$
㉠에 ㉣을 대입하면 $B<A$
㉢에 ㉣을 대입하면 $A+B>C+E \rightarrow A+C+D>C+E \rightarrow A+D>E \cdots ㉤$
㉤을 ㉡과 비교하면 $A+D>E>A+C \rightarrow D>C \cdots ㉥$
㉥을 ㉣과 비교하면 $C<D<B$이며, $B<A$이기 때문에 $C<D<B<A$임을 알 수 있다. 이때, ㉡에서 $A<E$이므로 $C<D<B<A<E$ 순서이다.

23
정답 ①

SWOT 분석은 내부 환경요인과 외부 환경요인의 2개의 축으로 구성되어 있다. 내부 환경요인은 자사 내부의 환경을 분석하는 것으로 자사의 강점과 약점으로 분석된다. 외부 환경요인은 자사 외부의 환경을 분석하는 것으로, 기회와 위협으로 구분된다.

24
정답 ⑤

ⅰ) A회사
모든 부서가 a부서와만 정보교환을 하고 있고 다른 부서들은 서로 간에 정보교환을 하지 않으므로 하나의 점을 중심으로 방사형으로 그려진 (나)에 해당한다.
ⅱ) B회사
a부서는 2개의 부서와, b · c부서는 3개의 부서와, 그리고 나머지 d ~ g의 4개 부서는 모두 1개의 부서와 정보교환을 하고 있다. (다)의 경우 좌우 양끝단에 위치한 4개의 점은 모두 1개의 부서와만 연결되어 있으므로 d ~ g와 매칭되며, 정가운데에 위치한 점은 2개의 부서와 연결되어 있으므로 a와, 그리고 남은 2개의 점은 3개의 부서와 연결되어 있으므로 b, c와 매칭시킬 수 있다.
ⅲ) C회사
각 부서는 2개의 부서와만 정보교환을 하고 있으며 서로 꼬리에 꼬리를 무는 구조로 정보교환을 하는 것을 확인할 수 있다.
따라서 (가)에 해당한다.

25
정답 ⑤

각 펀드의 총점을 통해 비교 결과를 유추하면 다음과 같다.
- A펀드 : 한 번은 우수(5점), 한 번은 우수 아님(2점)
- B펀드 : 한 번은 우수(5점), 한 번은 우수 아님(2점)
- C펀드 : 두 번 모두 우수 아님(2점+2점)
- D펀드 : 두 번 모두 우수(5점+5점)

각 펀드의 비교 대상은 다른 펀드 중 두 개이며, 총 4번의 비교를 했다고 하였으므로 다음과 같은 경우를 고려할 수 있다.

경우 1)

A		B		C		D	
B	D	A	C	B	D	A	C
5	2	2	5	2	2	5	5

결과를 정리하면 D>A>B>C이다.

경우 2)

A		B		C		D	
B	C	A	D	A	D	B	C
2	5	5	2	2	2	5	5

결과를 정리하면 D>B>A>C이다.

경우 3)

A		B		C		D	
D	C	C	D	A	B	A	B
2	5	5	2	2	2	5	5

결과를 정리하면 D>A · B>C이다.

ㄱ. 세 가지 경우 모두 D펀드는 C펀드보다 우수하다.
ㄴ. 세 가지 경우 모두 B펀드보다 D펀드가 우수하다.
ㄷ. 경우 3)에서 A펀드와 B펀드의 우열을 가릴 수 있으면 A ~ D까지 우열순위를 매길 수 있다.

26
정답 ③

삼각망 중에서 정확도가 가장 높은 것은 조건식의 수가 가장 많은 사변형망이다.

27
정답 ①

수평각 관측법은 트랜싯, 데오돌라이트, 토털스테이션 등으로 수평축을 기준하여 교각법, 편각법, 방위각법 등으로 관측한다.
• 교각법 : 각 측선 간의 교각을 측정해 가는 방법이다.
• 편각법 : 각 측선이 그 앞 측선의 연장과 이루는 각을 관측하는 방법이다.
• 방위각법 : 각 측선이 일정한 기준선(진북, 자오선) 방향과 이루는 각을 우회로 관측하는 방법이다.

28
정답 ③

단주가 되느냐, 장주가 되느냐는 세장비에 의해 판단한다.

세장비

$\lambda = \dfrac{kl}{r}$

29
정답 ④

철도건널목은 1 ~ 3종으로 구분된다.
• 1종 철도건널목 : 열차운행 횟수와 도로의 교통량이 많아 건널목 차단기, 경보기 및 철도건널목 표지판을 설치하고, 지정된 시간 동안 건널목안내원(감시원)이 근무하는 철도건널목을 말한다.
• 2종 철도건널목 : 철도와 도로의 교통량이 1종보다는 적고 3종보다는 많아 경보기와 철도건널목 표지판만 설치한 철도건널목을 말한다.
• 3종 철도건널목 : 철도와 도로의 교통량이 적어 차단기와 경보기를 설치하지 않고 철도건널목 표지판만 설치한 철도건널목을 말한다.

30
정답 ②

합력 $3P - P = 2P$

$2Px - PL = 0$

$\therefore \ x = \dfrac{1}{2}L$

31
정답 ②

강재와 시스 사이의 마찰은 프리텐션 방식에서는 나타나지 않으므로 포스트텐션 방식에서 크게 나타나는 손실로 볼 수 있다.

32
정답 ④

보선작업의 기계화 추진을 위해서는 보수시간의 확보(㉠), 보수기지의 정비(㉢), 기계 검사 수리 체제의 정비(㉣), 보수통로의 정비(㉤) 등을 고려해야 한다.

33
정답 ③

궤도틀림 관리는 경제성, 내구연한, 안전성 등을 고려하여 관리단계를 구분한다. 주의기준(WV) 단계에서는 선로의 보수가 필요하지 않으나 관찰이 필요하고, 보수작업의 계획에 따라 예방보수를 시행할 수 있다.

오답분석
① 준공기준(CV)
② 목표기준(TV)
④ 보수기준(AV)
⑤ 속도제한기준(SV)

34
정답 ①

지성선은 능선, 계곡선, 경사변환선 및 최대 경사선 등으로 구성된 지표면이 다수의 평면으로 이루어졌다고 생각할 때, 평면과 평면의 접선이며, 지세선이라고도 한다.

35
정답 ⑤

종곡선(철도의 건설기준에 관한 규정 제11조 제1항)
선로의 기울기가 변화하는 개소의 기울기 차이가 설계속도에 따라 다음 표의 값 이상인 경우에는 종곡선을 설치하여야 한다.

설계속도 $V(km/h)$	기울기 차(천분율)
$200 < V \le 350$	1
$70 < V \le 200$	4
$V \le 70$	5

36
정답 ①

부침식 분기방식은 진행방식에 따라 가드레일을 상하로 움직이면서 방향을 바꾸는 방식이다.

자동운전궤도 분기방식
• 부침식 : 각각의 진행방향에 따라 가드레일을 상하로 움직이면서 방향을 바꾸는 방식이다.
• 회전식 : 안팎에 설치한 분기장치가 180° 회전하여 진행방향을 변화하는 방식이다.
• 가동안내판 방식 : 가동안내판의 움직임에 따라 그 방향으로 차량을 진행시키는 방식이다.
• 수평회전식 : 주방향과 안내궤도가 일체로 작동하는 방식이다.

37
정답 ④

레일은 전기 흐름에 저항이 적어야 한다.

38
정답 ①

② 오퍼곡선 : 상대국의 상품에 대한 수요의 강도를 자국에서 제공하려는 상품의 양으로 표시한 곡선이다.

③ 감수곡선 : 하천의 유량과 수위와의 관계를 표시하는 곡선에서 유량이 감소하는 부분을 나타내는 것이다.

④ 단일곡선 : 곡선 위의 같은 점을 두 번 이상 지나지 않고, 자기자신과의 중복점(重複點)이 존재하지 않는 연속곡선이다.

⑤ 공간곡선 : 동일 평면 위에 있지 않는 곡선으로, 보통 2개의 곡면이 만나서 이루어진다.

39
정답 ④

선로전환기가 항상 개통되는 방향을 정위라 하고 그 반대 방향을 반위라 하며, 정·반위 결정은 다음과 같다.

• 본선과 본선 또는 측선과 측선의 경우는 주요한 방향
• 단선에 있어서 상·하 본선은 열차의 진입하는 방향
• 본선과 측선과의 경우에는 본선의 방향
• 본선 또는 측선과 안전 측선의 경우에는 안전 측선의 방향
• 탈선 선로전환기는 탈선시키는 방향

따라서 본선과 안전 측선의 경우에는 안전 측선의 방향이 정위가 된다.

40
정답 ③

트래버스 측량에서 폐합오차 조정방법 중 컴퍼스 법칙은 각 관측정밀도와 거리 관측의 정밀도가 동일할 때 실시하며, 트랜싯 법칙은 각 관측 정밀도가 거리 관측의 정밀도보다 더 높을 때 실시한다.

41
정답 ⑤

① 밸러스트 클리너(Ballast Cleaner) : 자갈치기 작업을 위한 도상작업용 장비로, 30 ~ 240m/h의 속도로 주행하면서 자갈을 쳐서 교환한다.

② 멀티플 타이 탬퍼(Multiple Tie Tamper) : 선로 도상의 면, 수평, 줄맞춤 및 다지기를 동시에 실시할 수 있는 보선장비이다.

③ 스위치 타이 탬퍼(Switch Tie Tamper) : 분기부의 특수한 구간에 대하여 도상 다지기 작업을 시행하는 장비이다.

④ 밸러스트 콤팩터(Ballast Compactor) : 침목과 침목 사이 및 도상 어깨의 표면 다지기를 통해 침목을 도상 내에 고정시키고 도상저항력을 증대시키는 장비이다.

42
정답 ①

도상계수의 판단기준

• 불량도상 : $5kg/cm^3$
• 양호도상 : $9kg/cm^3$
• 우량도상 : $13kg/cm^3$

43
정답 ①

② I형 이음매판 : 레일 두부의 하부와 레일 저부 상부 곡선의 2부분에서 밀착하여 쐐기작용을 하는 두부 밀착형과 이음매판 상하부의 접촉부분의 일부를 띄어놓은 두부 자유형이 있다.

③ 절연 이음매판 : 레일에 전기회로를 구성하기 위하여 레일 이음매개소에 절연물을 삽입하기 위한 이음매판이다.

④ 이형 이음매판 : 단면 형상이 다른 두 레일을 접속시키기 위하여 사용하는 이음매판으로, 높이가 다른 레일의 두부면을 같은 높이로 하기 위하여 중앙부에 단차를 붙인다.

⑤ 연속식 이음매판 : 이음매판의 하부 플랜지를 아래쪽으로 180° 구부려 레일의 저면까지 싸서 강성을 크게 하고 타이플레이트 역할까지 겸한 형식의 이음매판이다.

44
정답 ①

완화곡선의 삽입(철도의 건설기준에 관한 규정 제8조 제1항)
본선의 경우 설계속도에 따라 다음 표의 값 미만의 곡선반경을 가진 곡선과 직선이 접속하는 곳에는 완화곡선을 두어야 한다.

설계속도 V(km/h)	곡선반경(m)
250	24,000
200	12,000
150	5,000
120	2,500
100	1,500
$V \leq 70$	600

45
정답 ③

말뚝의 부마찰력은 상대변위 속도가 빠를수록 크다.

46
정답 ③

① 측량 구역이 상대적으로 협소하여 지구의 곡률을 고려하지 않아도 되는 측량은 평면측량이다.

② 측량 순서에 따라 평면기준점 측량과 고저기준점 측량으로 구분한다.

④ 측량법에서는 기본측량, 공공측량, 일반측량으로 분류한다.

⑤ 지상 여러 점의 고·저의 차이나 표고를 측정하기 위한 측량은 수준측량이다.

안심Touch

47

정답 ④

$P = 100\cos45° + 100\cos45° ≒ 141.4\text{kg}$

48

정답 ③

우리나라의 경우는 UTM 좌표에서 51, 52 종대 및 ST 횡대에 속한다.

49

정답 ⑤

대차 복원장치는 곡선을 통과할 때의 대차의 좌우 편의량(偏倚量)에 따라 대차를 궤도 중심 방향으로 되돌리는 장치이므로 안전설비로 볼 수 없다.

안전설비(철도의 건설기준에 관한 규정 제67조)
열차의 안전운행과 유지보수요원의 안전을 위하여 고속철도전용선 구간에는 위치 및 여건을 고려하여 다음 각 호의 안전설비를 설치하여야 한다. 단, 일반철도를 180km/h 이상으로 운행하는 선로 및 구간에도 해당선로의 여건을 고려하여 필요한 안전설비를 설치할 수 있다.
• 차축 온도검지장치
• 터널 경보장치
• 보수자 선로횡단장치
• 분기기 히팅장치
• 레일온도 검지장치
• 지장물 검지장치
• 기상 검지장치(강우량 검지장치, 풍향·풍속 검지장치, 적설량 검지장치)
• 끌림 검지장치
• 선로변 지진감시설비

50

정답 ②

선로용량 변화 요인
• 열차 속도가 크게 변경되었을 때
• 열차 설정이 크게 변경되었을 때
• 선로 조건이 근본적으로 변경되었을 때
• 폐색 방식이 변경되었을 때
• ABS 및 CTC 구간의 폐색 신호기 거리가 변경되었을 때

제3회 모의고사 정답 및 해설

01	02	03	04	05	06	07	08	09	10
④	④	①	⑤	③	⑤	④	③	①	④
11	12	13	14	15	16	17	18	19	20
②	⑤	②	④	②	④	④	③	③	②
21	22	23	24	25	26	27	28	29	30
⑤	④	②	④	②	⑤	①	⑤	③	③
31	32	33	34	35	36	37	38	39	40
④	①	②	②	④	①	③	②	④	④
41	42	43	44	45	46	47	48	49	50
②	⑤	②	⑤	③	④	④	③	①	⑤

| 01 | 직업기초능력평가

01
정답 ④

정약용은 청렴을 지키는 것은 두 가지 효과가 있다고 보았는데, 그 중 첫 번째는 목민관이 청렴할 경우 백성을 비롯한 공동체 구성원에게 좋은 혜택이 돌아가는 것이고, 두 번째는 청렴한 행위를 하는 것은 목민관 자신에게도 좋은 결과를 가져다주는 것이라고 하였다.

오답분석
① 정약용은 청렴을 당위의 차원에서 주장하는 기존의 학자들과 달리 행위자 자신에게 실질적 이익이 된다는 점을 들어 설득하고자 했다고 하였으므로 옳지 않은 내용이다.
② 정약용은 '지자(知者)는 인(仁)을 이롭게 여긴다.'라는 공자의 말을 빌려 '지혜로운 자는 청렴함을 이롭게 여긴다.'라고 하였다. 따라서 탐욕보다 청렴을 택하는 것이 더 이롭다는 것은 공자의 뜻이 아니라 정약용의 재해석이다.
③ 지혜롭고 욕심이 큰 사람은 청렴을 택하지만 지혜가 짧고 욕심이 작은 사람은 탐욕을 택한다고 하였으므로 옳지 않은 내용이다.
⑤ 조선의 대표적 유학자였던 이황과 이이는 청렴을 사회 규율이자 개인 처세의 지침으로 강조하였다고 하였으므로 옳지 않은 내용이다.

02
정답 ④

(가) 설명서, (나) 공문서, (다) 보고서, (라) 기획서에 대한 설명이다.
• 설명서
 － 상품이나 제품에 대해 설명하는 글이므로 정확하게 기술한다.
 － 전문용어는 소비자들이 이해하기 어려우므로 가급적 전문용어의 사용은 삼간다.
• 공문서
 － 대외문서이고, 장기간 보관되는 문서이기 때문에 정확하게 기술한다.
 － 회사 외부로 전달되는 글인 만큼 누가, 언제, 어디서, 무엇을, 어떻게가 드러나도록 써야 한다.
• 보고서
 － 보통 업무 진행 과정에서 쓰는 경우가 대부분이므로 무엇을 도출하고자 했는지 핵심내용을 구체적으로 제시한다.
 － 간결하고 핵심적인 내용의 도출이 우선이므로 내용의 중복은 피한다.
• 기획서
 － 상대에게 어필해 상대가 채택하게끔 설득력을 갖춰야 하므로 상대가 요구하는 것이 무엇인지 고려하여 작성한다.
 － 완벽해야 하므로 제출하기 전에 충분히 검토한다.

03
정답 ①

제시문에서는 싱가포르가 어떻게 자동차를 규제하고 관리하는지를 설명하고 있다. 따라서 글의 주제로 ①이 적절하다.

04
정답 ⑤

경기남부의 가구 수가 경기북부의 가구 수의 2배라면, 가구 수 비율은 남부가 $\frac{2}{3}$, 북부가 $\frac{1}{3}$ 이다. 따라서 경기지역에서 개별난방을 사용하는 가구 수의 비율은 $\left[\left(0.262\times\frac{2}{3}\right)+\left(0.608\times\frac{1}{3}\right)\right]$ $\times100 ≒ 37.7\%$이므로 옳은 설명이다.

오답분석
① 경기북부지역에서 도시가스를 사용하는 가구 수는 66.1%, 등유를 사용하는 가구 수는 3.0%이다. 따라서 $66.1÷3 ≒ 22$배이다.
② 서울과 인천지역에서 LPG 사용비율이 가장 낮다.
③ 주어진 자료에서는 지역별 가구 수의 차이는 확인할 수 없다. 또한, 지역난방 사용비율의 차이가 가구 수의 차이와 같다고 볼 수 없다.
④ 지역난방의 비율은 경기남부지역이 67.5%, 경기북부지역이 27.4%로 경기남부지역이 더 높다.

제3회 정답 및 해설

05 　　　　　　　　　　　　　　　정답 ③

보고서의 '출장의 배경 및 세부 일정' 항목을 통해 해외 출장 세부
일정 관련 정보가 포함되어야 함을 알 수 있다. 또한 보고서의 '출
장 배경'에 따르면 1998년 이후 2년 주기로 협력회의를 개최해
오고 있으므로 과거 협력 회의 시 다루었던 내용도 함께 포함되어
야 한다. 따라서 제시된 보고서에 반드시 포함되어야 할 내용으로
③이 적절하다.

06 　　　　　　　　　　　　　　　정답 ⑤

보고서는 특정한 일에 관한 진행 상황 또는 연구·검토 결과 등을
보고하고자 할 때 작성하는 문서로 '목적·개요 – 주요 수행내용
– 수행 내용별 세부사항 – 수행 결과 및 결과보고서 – 관련된 첨
부 자료' 순서로 작성한다.

07 　　　　　　　　　　　　　　　정답 ④

녹지의 면적은 2018년부터 유원지 면적을 추월하였다.

08 　　　　　　　　　　　　　　　정답 ③

A씨가 달려갈 속력을 x km/h라고 하면,

$$\frac{50-\left(\frac{1}{2}\times80\right)}{x}\leq\frac{1}{2}\;\rightarrow\;\frac{10}{x}\leq\frac{1}{2}\;\rightarrow\;20\leq x$$

따라서 최소 20km/h로 달려가야 면접 장소에 늦지 않게 도착한다.

09 　　　　　　　　　　　　　　　정답 ①

표 2에서 2020년 10월 스마트폰 기반 웹 브라우저 중 상위 5종
전체의 이용률 합이 94.39%이므로 6위 이하의 이용률 합은
5.61%임을 알 수 있다. 그런데 10월 현재 5위인 인터넷 익스플로
러의 이용률이 1.30%이므로 6위 이하의 이용률은 1.30%를 넘을
수 없다. 따라서 6위 이하 나머지 웹 브라우저의 이용률이 모두
1.30%라고 하더라도 최소 5개 이상이 존재해야 함을 알 수 있
다. 왜냐하면 4개만 존재한다면 이용률의 합이 최대 5.2%에 그쳐
5.61%에 모자라기 때문이다. 결론적으로 자료에서 주어진 5개 이
외에 추가로 최소 5개의 브라우저가 존재하여야 하므로 전체 대상
웹 브라우저는 10종 이상이 됨을 알 수 있다.

오답분석

② 2021년 1월 이용률 상위 5종 웹 브라우저 중 PC 기반 이용률
　3위와 스마트폰 기반 이용률 3위는 크롬으로 일치한다.

③ 표 1에서 2020년 12월 PC 기반 웹 브라우저 이용률 2위는 크
　롬이고 3위는 파이어폭스인 반면, 2021년 1월의 2위는 파이
　어폭스, 3위는 크롬으로 둘의 순위가 바뀌었다.

④ 표 2에서 스마트폰 기반 이용률 상위 5종 웹 브라우저 중 2020
　년 10월과 2021년 1월 이용률의 차이가 2%p 이상인 것은 크
　롬(4.02%p), 오페라(2.40%p)이므로 옳지 않다.

⑤ 표 2에서 상위 3종 웹 브라우저 이용률의 합을 직접 구하기보
　다는 주어진 상위 5종 전체 이용률 합에서 4위와 5위를 차감하
　여 판단하는 것이 더 수월하다. 이에 따르면 주어진 모든 월에
　서 상위 3종 웹 브라우저 이용률의 합이 90%에 미치지 못하므
　로 옳지 않다.

10 　　　　　　　　　　　　　　　정답 ④

(라) 문단에서는 퇴근 후 업무 지시 금지를 통한 직원들의 휴식권
보장, 9시에 출근해 오후 5시에 퇴근하는 '9 to 5제'에 대한 내용
으로 구성되어 있다. 따라서 ④는 (라) 문단의 제목으로 적절하지
않다.

오답분석

① (가) 문단에서는 주당 최대 근로시간을 52시간으로 확립해 국
　민의 삶의 질을 개선하고 생산성을 높이겠다는 정부의 워라밸
　과 관련된 계획을 볼 수 있다.

② (나) 문단에서는 워라밸의 의미와 최근 기업들에게 나타나는
　'워라밸 제도'를 소개하고 있다.

③ (다) 문단에서는 출근 시간을 자유롭게 선택해서 일정 시간을
　근무한 후 각자 다른 시간에 퇴근하는 '퍼플타임제'와 한 달간
　자기 계발의 시간을 가질 수 있는 '창의 휴가 제도'를 소개하고
　있다.

⑤ (마) 문단에서는 다른 국가들에 비해 비효율적인 한국의 노동 실
　태를 제시하고 이에 대한 워라밸 열풍의 귀추를 기대하고 있다.

11 　　　　　　　　　　　　　　　정답 ②

(마) 문단에서 각국의 노동생산성 수준을 볼 때 미국, 프랑스, 독일
에 비해 한국은 이들 국가의 절반 수준에 그쳤음을 알 수 있다.

오답분석

① 최대 한 달간 자기 계발의 시간을 가질 수 있는 제도는 창의
　휴가 제도이다.

③ 주 35시간 근무제는 오후 5시면 컴퓨터가 저절로 꺼져 직원들
　은 사무실에 남아 있어도 업무를 볼 수가 없다.

④ 워라밸은 근로조건 개선을 통해 회사에 대한 애사심으로 이어
　져 결국 퇴사율을 낮춘다.

⑤ 퍼플타임제는 출근 시간을 자유롭게 선택해서 일정 시간을 근
　무한 후 각자 다른 시간에 퇴근하는 탄력 근무제도이다.

12 　　　　　　　　　　　　　　　정답 ⑤

플레이펌프는 아이들이 놀기만 하면 동력이 되어 지하수를 끌어올
려 물을 저장한다는 원리적 측면에서만 봤을 때는 성공적으로 보
였으나, 아이들에게 놀이가 아닌 일이 되어버리면서 실패하게 된
다. 즉, 현지인의 문화와 사회의 전체적인 모습을 보지 못해 실패
하게 된 것이다.

13
정답 ②

㉠은 다른 재료로 대체한 S에 해당되고, ㉡은 서로 다른 물건이나 아이디어를 결합한 C에 해당되고, ㉢은 형태, 모양 등을 다른 용도로 사용한 P에 해당된다. A에는 우엉씨 → 벨크로(찍찍이), M에는 컴퓨터 → 노트북, E에는 자동차 → 오픈카, R에는 김밥 → 누드김밥 등이 있다.

14
정답 ④

네 사람이 앉을 수 있는 자리를 그림으로 나타내면 다음과 같다.

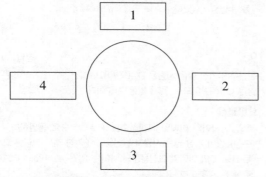

• 일곱 번째 조건에 따라 교사의 맞은편 자리는 밤색 티셔츠를 입고 있다. 교사가 1번 자리에 앉는다고 가정하면 3번 자리에는 밤색 티셔츠를 입은 사람이 앉게 된다.

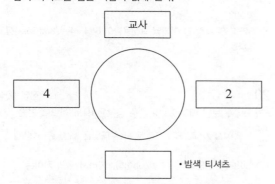

• 여섯 번째 조건에 의하면 의사의 왼쪽 자리에 앉은 사람은 검은색 원피스를 입고 있다. 이때, 의사가 2번 자리에 앉게 되면 의사의 왼쪽 자리에 검은색 원피스를 입은 사람이 온다는 조건이 성립할 수 없으므로 의사는 4번 자리에 앉아야 한다. 또한, 의사가 4번 자리에 앉게 되면 검은색 원피스를 입은 사람은 교사이며, 두 번째 조건에 따라 교사는 여자임을 알 수 있다.

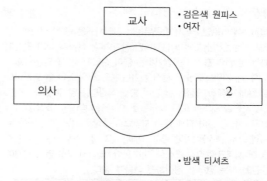

• 네 번째 조건에 따르면 변호사는 흰색 니트를 입고 있으므로 2번 자리에 앉게 되고, 이에 따라 밤색 티셔츠를 입은 사람은 자영업자임을 알 수 있다. 앞서 파악한 정보를 바탕으로 할 때 의사는 파란색 자켓을 입었으며, 두 번째 조건에 따라 의사는 남자임을 알 수 있다. 다섯 번째 조건에 따라 자영업자도 남자이므로 변호사는 여자이다.

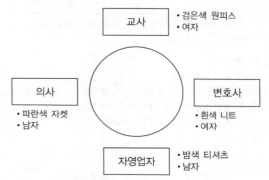

따라서 '의사는 파란색 자켓을 입고 있다.'가 옳은 설명이다.

오답분석
① 교사는 의사의 왼쪽에 앉아 있다.
② 변호사는 여자이다.
③ 밤색 티셔츠를 입은 사람은 자영업자이며, 남자이다.
⑤ 검은색 원피스를 입은 여자는 자영업자와 마주보고 있다.

15
정답 ②

제시문에서는 기계화·정보화의 긍정적인 측면보다는 부정적인 측면을 부각시키고 있다. 따라서 기계화·정보화가 인간의 삶의 질 개선에 기여하고 있음을 경시한다고 비판할 수 있다.

16 정답 ④

제시문에 따르면 P부서에 근무하는 신입사원은 단 한 명이며, 신입사원은 단 한 지역의 출장에만 참가한다. 따라서 갑과 단둘이 가는 한 번의 출장에만 참가하는 을이 신입사원임을 알 수 있다. 이때, 네 지역으로 모두 출장을 가는 총괄 직원도 단 한 명뿐이므로 을과 단둘이 출장을 간 갑이 총괄 직원임을 알 수 있다. 또한, 신입사원을 제외한 모든 직원은 둘 이상의 지역으로 출장을 가야 하므로 병과 정이 함께 같은 지역으로 출장을 가면 무는 남은 두 지역 모두 출장을 가야 한다. 이때, 병과 정 역시 남은 두 지역 중 한 지역으로 각각 출장을 가야 한다. 따라서 다섯 명의 직원이 출장을 가는 경우를 정리하면 다음과 같다.

지역	직원	
	경우 1	경우 2
A	갑, 을	갑, 을
B	갑, 병, 정	갑, 병, 정
C	갑, 병, 무	갑, 정, 무
D	갑, 정, 무	갑, 병, 무

정은 두 곳으로만 출장을 가므로 정이 총 세 곳에 출장을 간다는 ④는 반드시 거짓이 된다.

오답분석
① 갑은 총괄 직원이다.
② 두 명의 직원만이 두 광역시에 모두 출장을 간다고 하였으므로 을의 출장 지역은 광역시에 해당하지 않는다.
③·⑤ 위의 표를 통해 확인할 수 있다.

17 정답 ④

일반적인 문제해결절차는 문제 인식, 문제 도출, 원인 분석, 해결안 개발, 실행 및 평가의 5단계를 따른다. 먼저 해결해야 할 전체 문제를 파악하여 우선순위를 정하고, 선정 문제에 대한 목표를 명확히 한 후 선정된 문제를 분석하여 해결해야 할 것이 무엇인지를 명확히 한다. 다음으로 분석 결과를 토대로 근본 원인을 도출하고, 근본 원인을 효과적으로 해결할 수 있는 최적의 해결책을 찾아 실행, 평가한다. 따라서 문제해결절차는 (다) → (마) → (가) → (라) → (나)의 순서로 진행된다.

18 정답 ③

2011 ~ 2020년 평균 부채 비율은 (61.6+100.4+86.5+80.6+79.9+89.3+113.1+150.6+149.7+135.3)÷10=104.7%이므로 10년간의 평균 부채 비율은 90% 이상이다.

오답분석
① 2014년 대비 2015년 자본금 증가폭은 33,560−26,278=7,282억 원으로, 2012 ~ 2020년 중 자본금의 변화가 가장 컸다.

② 전년 대비 부채 비율이 증가한 해는 2012년, 2016년, 2017년, 2018년이므로 연도별 부채비율 증가폭을 계산하면 다음과 같다.
- 2012년 : 100.4−61.6=38.8%p
- 2016년 : 89.3−79.9=9.4%p
- 2017년 : 113.1−89.3=23.8%p
- 2018년 : 150.6−113.1=37.5%p

따라서 부채 비율이 전년 대비 가장 많이 증가한 해는 2012년이다.
④ 2020년의 자산과 자본은 10년 중 가장 많았지만, 그만큼 부채도 가장 많은 것을 확인할 수 있다.
⑤ K공사의 자산과 부채는 2013년부터 8년간 꾸준히 증가한 것을 확인할 수 있다.

19 정답 ③

수신건수가 가장 많은 사람은 D(46건)이고, 발신건수가 가장 적은 사람은 C(13건)이므로 옳지 않은 설명이다.

오답분석
① C와 D 사이의 이메일 교환건수는 서로 2건으로 동일하다.
② 수신용량이 가장 많은 사람과 발신용량이 가장 적은 사람은 모두 D로, D의 이메일 교신용량의 차이는 137−42=95Mb이므로 옳은 설명이다.
④ F가 송수신한 용량은 120+172=292Mb이고, 송수신 총량은 615×2=1,230Mb이므로 $\frac{292}{1,230}×100 ≒ 23.7\%$로 옳은 설명이다.
⑤ D와 F 두 사람 간 이메일 교신용량이 64+14=78Mb로 가장 많다.

20 정답 ②

F가 D에게 보낸 메일은 22건, 총 용량은 64Mb이므로 평균 $\frac{64}{22}≒2.91$Mb이고, E가 G에게 보낸 메일은 4건, 총 용량은 17Mb이므로 평균 $\frac{17}{4}=4.25$Mb이다. 따라서 둘의 차이는 4.25−2.91=1.34Mb이다.

21 정답 ⑤

- A국 : 27,214×50.6=1,377,028.4
- B국 : 32,477×126.6=4,111,588.2
- C국 : 55,837×321.8=17,968,346.6
- D국 : 25,832×46.1=1,190,855.2
- E국 : 56,328×24.0=1,351,872

1인당 GDP 순위는 E>C>B>A>D이고, 총 GDP 순위는 C>B>A>E>D이다.

① 경제성장률이 가장 큰 나라는 D국이며, 1인당 GDP와 총인구를 고려하면 D국의 총 GDP가 가장 작은 것을 알 수 있다.

② 1인당 GDP 대비 총인구를 고려하였을 때 총 GDP가 가장 큰 나라는 C국(17,968,346.6백만 달러), 가장 작은 나라는 D국(1,190,855.2백만 달러)이다.

따라서 총 GDP가 가장 큰 나라와 가장 작은 나라는 10배 이상의 차이를 보인다.

③ 수출 및 수입 규모에 따른 순위는 C>B>A>D>E이므로 서로 일치한다.

④ A국(1,377,028.4백만 달러)의 총 GDP가 E국(1,351,872백만 달러)보다 더 크다.

22 정답 ④

① 자사의 유통 및 생산 노하우가 부족하다고 분석하였으므로 적절하지 않다.

② 디지털마케팅 전략을 구사하기에 역량이 미흡하다고 분석하였으므로 적절하지 않다.

③ 분석 자료를 살펴보면, 경쟁자 중 상위업체가 하위업체와의 격차를 확대하기 위해서 파격적인 가격정책을 펼치고 있다고 하였으므로 적절하지 않다.

⑤ 브랜드 경쟁력을 유지하기 위해 20대 SPA 시장 진출이 필요하며, 자사가 높은 브랜드 이미지를 가지고 있다는 내용은 자사의 상황분석과 맞지 않는 내용이므로 적절하지 않다.

23 정답 ②

A호텔 연꽃실은 2시간 이상 사용할 경우 추가비용이 발생하고, 수용 가능 인원이 적다. B호텔 백합실은 1시간 초과 대여가 불가능하며, C호텔 매화실은 이동수단을 제공하지만 수용 가능 인원이 적다. 나머지 C호텔 튤립실과 D호텔 장미실을 비교했을 때, C호텔의 튤립실은 예산초과로 예약할 수 없으므로 이 대리는 대여료와 수용 가능 인원의 조건이 맞는 D호텔 장미실을 예약해야 한다. 따라서 이 대리가 지불해야 하는 예약금은 D호텔 장미실 대여료 150만 원의 10%인 15만 원이다.

24 정답 ④

예산이 200만 원으로 증액되었을 때, 조건에 해당하는 연회장은 C호텔 튤립실과 D호텔 장미실이다. 예산 내에서 더 저렴한 연회장을 선택해야 한다는 조건이 없고, 이동수단이 제공되는 연회장을 우선적으로 고려해야 하므로 이 대리는 C호텔 튤립실을 예약할 것이다.

25 정답 ②

SWOT 분석이란 조직의 환경을 분석하기 위해 사용되는 정책환경분석기법으로, 조직 내부환경과 관련된 강점(Strength), 약점(Weakness), 조직 외부환경과 관련된 기회(Opportunity), 위협(Threat)을 분석하는 방법이다. 이를 가장 잘 반영한 것은 ②이다.

| 02 | 직무수행능력평가

26
정답 ⑤

완화곡선의 종류로는 3차 포물선, 클로소이드 곡선, 사인 반 파장 완화곡선, 렘니스케이트 곡선, 4차 포물선, 3차 나선, AREA 나선 등을 볼 수 있다. 래퍼곡선은 공급중시 경제학 또는 공급측 경제학의 근간이 되는 이론을 설명하는 곡선이다.

오답분석

① 3차 포물선 : 완화곡선의 형상을 3차 포물선 형태로 나타낸 것으로, 주로 철도에서 적용하고 있는 완화곡선이다.
② 클로소이드 곡선 : 곡선의 길이가 증가함에 따라 비례적으로 곡률이 증가하며 반비례로 곡선반지름이 감소하는 곡선으로, 완화곡선의 설치에 적용한다.
③ 사인 반 파장 완화곡선 : 캔트 및 곡율체감을 사인곡선의 반파장 형상으로 한 완화곡선의 일종이다.
④ 렘니스케이트 곡선 : 곡선상 임의 점의 곡률 반경이 원점에서 그 점까지의 현 길이에 반비례하는 곡선으로, 완화 구간에 이용된다.

27
정답 ①

표준궤간은 궤간거리가 표준치인 1,435mm인 것을 뜻한다. 세계 각국에서 가장 많이 사용하고 있으며(약 60%), 1887년 스위스 베른 국제철도회의에서 최초로 제정되었다. 표준궤간보다 좁은 궤간은 협궤라고 하며, 일본 국철에서 일부 사용하고 있다. 반면 표준궤간보다 넓은 궤간은 광궤라고 하며, 러시아, 스페인 등에서 사용하고 있다.

28
정답 ⑤

일반철도 주요선구 본선의 경우에는 필요시에 차상진동가속도 측정점검을 시행하며, 고속철도 본선의 경우에는 2주당 1회 이상 시행한다.

29
정답 ③

장주는 기둥의 길이가 길어서 좌굴에 의해 파괴되는 기둥이다.

30
정답 ③

도수 및 송수관로 중 일부분이 동수경사선보다 높은 경우 조치할 수 있는 방법은 동수구배 상승법으로, 상류 측에 대해서는 관경을 크게 하고, 하류 측에 대해서는 관경을 작게 한다. 또한, 접합정을 설치한다.

31
정답 ④

휨응력이란 휨모멘트에 의해서 부재의 한 단면 위에 일어나는 법선 응력을 가리킨다.

32
정답 ①

대칭이므로 0이다.

33
정답 ②

압성토 공법은 성토에 의한 기초의 활동 파괴를 막기 위하여 성토 비탈면 옆에 소단 모양의 압성토를 만들어 활동에 대한 저항모멘트를 증가시키는 공법이다.

34
정답 ②

흙의 투수계수에 영향을 미치지 않는 것은 활성도, 흙의 비중이다.

투수계수는 $K = D_s^2 \cdot \dfrac{\gamma_w}{\eta} \cdot \dfrac{e^3}{1+e} \cdot C$와 같이 나타낼 수 있으며, 계산식에서 각 요소들은 다음을 나타낸다.

D_s : 흙입자의 입경(보통 D_{10})
γ_w : 물의 단위중량(g/cm^3)
η : 물의 점성계수($g/cm \cdot sec$)
e : 공극비
C : 합성형상계수(Composite Shape Factor)
K : 투수계수(cm/sec)

흙의 투수계수에서 나타나는 특징

• 흙입자의 크기가 클수록 투수계수가 증가한다.
• 물의 밀도와 농도가 클수록 투수계수가 증가한다.
• 물의 점성계수가 클수록 투수계수가 감소한다.
• 온도가 높을수록 물의 점성계수가 감소하여 투수계수는 증가한다.
• 간극비가 클수록 투수계수가 증가한다.
• 지반의 포화도가 클수록 투수계수가 증가한다.
• 점토의 구조에 있어서 면모구조가 이산구조(분산구조)보다 투수계수가 크다.
• 점토는 입자에 붙어 있는 이온농도와 흡착수 층의 두께에 영향을 받는다.
• 흙입자의 비중은 투수계수와 관계가 없다.

35
정답 ④

현행 구조기준에서는 벽체 및 슬래브에서의 휨 주철근의 간격은 중심간격을 규정하며, 두께의 3배 이하, 450mm 이하로 규정하고 있다.

36
정답 ①

수준측량의 야장 기입법

• 고차식 : 단지 두 점 사이의 높이를 구할 때 사용하며 전시와 후시만 있다.
• 기고식 : 기계의 높이를 기준으로 지반고를 구하는 방식으로 중간점이 많을 때 편리하다.
• 승강식 : 가장 정밀한 야장 기입법이다.

37
정답 ③

최소일의 원리란 외력을 받고 있는 부정정 구조물의 각 부재에 의하여 발생한 내적인 일(Work)은 평형을 유지하기 위하여 필요한 최소의 일이라는 것이다. 최소일의 원리를 일반식으로 나타내면 다음과 같다.

$$\delta_i = \frac{\partial U}{\partial P_i} = \int \frac{M}{EI}\left(\frac{\partial M}{\partial P_i}\right)dx = 0$$

38
정답 ②

접합정은 종류가 다른 도수관을 연결하거나, 또는 동수구배를 상승시키기 위해 도수관로 도중에 설치하는 저수조를 말한다.

39
정답 ④

궤도계수를 증가시키기 위해서는 레일과 침목을 중량화해야 한다.

궤도계수 증가 방법
- 도상두께를 증가시킨다.
- 레일과 침목을 중량화한다.
- 탄성 체결장치를 사용한다.
- 강화노반을 사용한다.
- 양호한 도상재료를 사용한다.

40
정답 ④

곡선반경(철도의 건설기준에 관한 규정 제6조 제2항·제3항)
② 다음 각 호와 같은 경우에는 다음 각 호에서 정하는 크기까지 곡선반경을 축소할 수 있다.
   1. 정거장의 전후구간 등 부득이한 경우

설계속도 V(km/h)	최소 곡선반경(m)
$200 < V \leq 350$	운영속도고려 조정
$150 < V \leq 200$	600
$120 < V \leq 150$	400
$70 < V \leq 120$	300
$V \leq 70$	250

③ 부본선, 측선 및 분기기에 연속되는 경우에는 곡선반경을 200m까지 축소할 수 있다. 다만, 고속철도전용선의 경우에는 다음 표와 같이 축소할 수 있다.

구분	최소 곡선반경(m)
주본선 및 부본선	1,000(부득이한 경우 500)
회송선 및 착발선	500(부득이한 경우 200)

41
정답 ②

테르밋 용접은 산화철과 알루미늄의 분말혼합용제를 점화시켜 발생하는 고열과 화학반응에 의하여 유리된 순철을 용용하여 시행하는 용접으로, 장대레일 간의 연결 시 테르밋 용접을 사용한다.

42
정답 ⑤

⊙ 장척레일 : 길이가 25m 초과 200m 미만인 레일이다.
ⓒ 장대레일 : 여러 개의 레일을 연결하여 그 길이가 200m 이상이 되도록 한 레일이다.
ⓒ 단척레일 : 표준 레일보다 짧은 레일로 길이가 25m 미만인 레일이다.
② 정척레일 : 길이가 25m인 표준 레일이다.

43
정답 ②

객차조차장과 여객역, 기관차승무사업소 등은 상호 간 편의가 좋아야 하므로 떨어져 있는 것은 적절하지 않다.

44
정답 ⑤

선로의 끝에 차막이가 있는 경우 측선의 유효장을 차량접촉한계표에서 차막이의 연결기받이 전면까지 확보해야 한다.

정거장 안의 선로 배선(철도의 건설기준에 관한 규정 제21조 제2항)
정거장 안의 선로는 다음 각 호에서 정하는 유효장을 확보하여야 한다. 유효장은 출발신호기로부터 신호 주시거리, 과주 여유거리, 기관차 길이, 여객열차 편성 길이 및 레일 절연이음매로부터의 제동 여유거리를 더한 길이보다 길어야 하며 전기동차나 디젤동차를 전용 운전하는 선로에서는 기관차 길이는 제외한다.
   1. 본선의 유효장
      가. 선로의 양단에 차량접촉한계표가 있을 때는 양 차량접촉한계표의 사이
      나. 출발신호기가 있는 경우 그 선로의 차량접촉한계표에서 출발신호기의 위치까지
      다. 차막이가 있는 경우는 차량접촉한계표 또는 출발신호기에서 차막이의 연결기받이 전면 위치까지
   2. 측선의 유효장
      가. 양단에 분기기가 있는 경우는 전후의 차량접촉한계표의 사이
      나. 선로의 끝에 차막이가 있는 경우는 차량접촉한계표에서 차막이의 연결기받이 전면까지
      다. 분기기 부근에 있어 유효장의 시종단의 측정은 최내방 분기기가 열차에 대하여 대항인 경우 보통 분기기에서는 포인트 전단

45
정답 ③

$$Q_x = A\bar{y} = 40 \times 30 \times 15 - 20 \times 10 \times 15 = 15,000 \text{cm}^3$$

46
정답 ④

토적곡선은 토량을 누적한 것으로 토량의 배분, 운반거리에 따른 토공기계의 선정, 시공방법의 선정 등의 목적으로 작성한다. 따라서 교통량 산정은 토적곡선을 작성하는 목적으로 볼 수 없다.

47

정답 ④

나선철근으로 둘러싸인 압축부재의 축방향 주철근의 최소 개수는 6개이다. 삼각형 띠철근의 경우 최소 개수는 3개, 사각형 및 원형 띠철근의 경우는 4개이다.

48

정답 ③

터널의 기본적인 단면형상은 마제형(말굽형)·원형·난형으로 구분할 수 있으며, 원형은 구조적으로 가장 안전하지만, 시공이 까다롭고 굴착면적이 크므로 비경제적이다.

49

정답 ①

신축이음매 장치 상호 간의 최소거리는 300m 이상으로 해야 한다.

50

정답 ⑤

3선식 분기기란 궤간이 다른 두 궤도가 병용되는 궤도에 사용하는 분기기를 말한다.

오답분석

① 편개 분기기
② 양개 분기기
③ 내방 분기기
④ 복 분기기

제4회 모의고사 정답 및 해설

01	02	03	04	05	06	07	08	09	10
②	④	③	⑤	④	①	①	③	⑤	②
11	12	13	14	15	16	17	18	19	20
④	②	④	①	②	②	④	②	④	④
21	22	23	24	25	26	27	28	29	30
④	④	④	①	②	④	①	①	③	③
31	32	33	34	35	36	37	38	39	40
⑤	①	④	⑤	④	④	②	⑤	④	③
41	42	43	44	45	46	47	48	49	50
①	①	①	②	④	②	②	④	③	③

| 01 | 직업기초능력평가

01
정답 ②

제시문에서는 환경오염은 급격한 기후변화의 촉매제 역할을 하고 있으며, 이는 농어촌과 식량 자원에 악영향을 미치고 있다고 이야기하고 있다. 따라서 글의 주제로 ②가 적절하다.

02
정답 ④

우리나라는 식량의 75% 이상을 해외에서 조달해 오고 있다. 이러한 특성상 기후변화가 계속된다면 식량공급이 어려워져 식량난이 심각해질 수 있다.

오답분석

① 기후변화가 환경오염의 촉매제가 된 것이 아니라, 환경오염이 기후변화의 촉매제가 되었다.
② 알프스나 남극 공기를 포장해 파는 시대가 올지도 모른다는 말은 그만큼 공기 질 저하가 심각하다는 것을 나타낸 것이다.
③ 한정된 식량 자원에 의한 굶주림이 일부 저개발 국가에서 일반화되었지만, 저개발 국가에서 인구의 폭발적인 증가가 일어났다고는 볼 수 없다.
⑤ 친환경적인 안전 먹거리에 대한 수요가 증가하고 있지만 일손 부족 등으로 친환경 먹거리 생산량의 대량화는 어렵다. 따라서 해결방법이 될 수 없다.

03
정답 ③

보라는 여러 힘든 일로 인해 지쳐있는 상태이나 정식이 느끼는 보라의 상태는 이와 전혀 다르다. 이는 감정 또는 느낌은 사람에 대하여 근본적으로 측정할 수 없음을 나타내는 측정불가능성을 나타낸다.

오답분석

① 반성적 사고 : 자신의 사고 내용이나 사고 과정을 인지할 수 있는 것을 의미한다.
② 고유성 : 고유한 성질이나 속성으로 다른 것으로 대체할 수 없다.
④ 대화가능성 : 언어로 불리고 말해질 때, 언어로 반응할 수 있는 것을 의미한다.
⑤ 체계성 : 일정한 원리에 따라 짜임새 있게 조직되어 통일된 전체를 이루는 것을 의미한다.

04
정답 ⑤

2016년부터는 한국의 출원 건수가 더 많아지므로 옳지 않은 설명이다.

오답분석

① 한국의 지적재산권 출원 비중은 2020년에 전년 대비 감소했지만, 다른 해에는 모두 증가하는 추세를 보이고 있다.
② 2020년 지적재산권 출원 비중이 2014년 대비 가장 크게 증가한 국가는 중국으로, $8.86-1.83=7.03\%p$ 증가했다.
③ 2020년 지적재산권 출원 비중이 2014년 대비 낮아진 국가는 독일, 프랑스, 미국이다.
④ 매년 가장 큰 지적재산권 출원 비중을 차지하고 있는 국가는 미국인 것을 확인할 수 있다.

05
정답 ④

집에서 휴게소까지의 거리를 $x$km라 하면, $\dfrac{x}{40}+\dfrac{128-x}{60}=3$

$\therefore x=104$km

06　　　　　　　　　　　　　　　　　　정답 ①

기사 내용을 보면 케렌시아는 힐링과 재미에 머무는 것이 아니라 능동적인 취미 활동을 하는 곳이고, 창조적인 활동을 하기 위한 공간으로 변모해감을 설명하고 있다.

오답분석

② 케렌시아 공간의 예로 북카페, 3프리존, 책맥 카페 등을 들고 있다.
③ 맨케이브, 자기만의 방과 같은 유사한 표현을 볼 수 있다.
④ 다양한 사례를 통해 케렌시아가 휴식과 힐링을 위한 자기만의 공간을 의미함을 알 수 있다.
⑤ 케렌시아가 필요한 사람들에게 전시장, 음악회 등 문화 현장에 가는 것을 권하고 있음을 알 수 있다.

07　　　　　　　　　　　　　　　　　　정답 ①

제시문에서는 물리적 태세와 목적론적 태세 그리고 지향적 태세라는 추상적 개념을 구체적인 사례(소금, 〈F8〉 키, 쥐)를 통해 설명하고 있다.

08　　　　　　　　　　　　　　　　　　정답 ③

TRIZ 이론(창의적 문제해결이론)은 문제가 발생된 근본 모순을 찾아내 해결하는 방법을 모색하는 것으로, 발견은 해당되지 않는다.

오답분석

① 자전거 헬멧을 여러 구간으로 납작하게 접을 수 있는 접이식 헬멧은 TRIZ 40가지 이론 중 분할에 해당된다.
② 자동으로 신발끈이 조여지는 운동화는 TRIZ 40가지 이론 중 셀프서비스에 해당된다.
④ 회전에 제약이 없는 구형 타이어는 TRIZ 40가지 이론 중 곡선화에 해당된다.
⑤ 줄 없이 운동할 수 있는 줄 없는 줄넘기는 TRIZ 40가지 이론 중 기계 시스템의 대체에 해당된다.

09　　　　　　　　　　　　　　　　　　정답 ⑤

병과 정의 말이 서로 모순되므로 둘 중 한 명은 거짓을 말한다. 따라서 병과 정의 말이 거짓일 경우를 나누어 정리하면 다음과 같다.
1) 병이 거짓말을 할 경우
　거짓인 병의 말에 따라 을은 윗마을에 사는 여자이며, 윗마을에 사는 여자는 거짓말만 하므로 을의 말은 거짓이 된다. 참인 정의 말에 따르면 병은 윗마을에 사는데, 거짓을 말하고 있으므로 병은 여자이다. 을과 병 모두 윗마을 사람이므로 나머지 갑과 정은 아랫마을 사람이 된다. 이때 갑과 정은 모두 진실을 말하고 있으므로 여자이다. 따라서 갑, 을, 병, 정 모두 여자임을 알 수 있다.

2) 정이 거짓말을 할 경우
　거짓인 정의 말에 따르면 을과 병은 아랫마을에 사는데, 병은 참을 말하고 있으므로 병은 여자이다. 참인 병의 말에 따르면 을은 아랫마을에 사는 남자이며, 아랫마을에 사는 남자는 거짓말만 하므로 을의 말은 거짓이 된다. 이때 을의 말이 거짓이 되면 을은 윗마을에 살게 되므로 서로 모순된다. 따라서 성립하지 않는다.

10　　　　　　　　　　　　　　　　　　정답 ②

등급별 환산점수로 총점을 구하고, 총점이 높은 순서대로 순위를 정한다. 이때, 상여금 지급 규정에 따라 동순위자 발생 시 A등급의 빈도가 높은 순서대로 동순위자를 조정하여 다시 순서를 정한다. 이를 표로 정리하면 다음과 같다.

(단위 : 점, 등)

성명	업무 등급	소통 등급	자격 등급	총점	순위	동순위 조정	상여금 (만 원)
유수연	100	90	90	280	2	2	150
최혜수	70	80	90	240	7	8	20
이명희	80	100	90	270	3	4	100
한승엽	100	100	70	270	3	3	150
이효연	90	90	80	260	5	6	20
김은혜	100	70	70	240	7	7	20
박성진	100	100	100	300	1	1	150
김민영	70	70	70	210	10	10	20
박명수	70	100	90	260	5	5	100
김신애	80	70	70	220	9	9	20

따라서 유수연, 한승엽, 박성진이 150만 원으로 가장 많은 상여금을 받는다.

11　　　　　　　　　　　　　　　　　　정답 ④

박명수의 소통등급과 자격등급이 C로 정정되어 박명수의 총점은 70+80+80=230점이므로, 총점 240점인 최혜수와 김은혜보다 낮은 순위로 내려간다. 따라서 이효연, 김은혜, 최혜수의 순위가 하나씩 올라가며, 박명수는 8위가 되므로 박명수를 제외한 3명의 순위가 변동된다.

12　　　　　　　　　　　　　　　　　　정답 ②

ㄱ. 근로자가 총 90명이고 전체에게 지급된 임금의 총액이 2억 원이므로 근로자당 평균 월 급여액은 $\frac{2억 \ 원}{90명} ≒ 222$만 원이다. 따라서 평균 월 급여액은 230만 원 이하이다.
ㄴ. 월 210만 원 이상 급여를 받는 근로자 수는 26+12+8+4 =50명이다. 따라서 총 90명의 절반인 45명보다 많으므로 옳은 설명이다.

ㄷ. 월 180만 원 미만의 급여를 받는 근로자 수는 $6+4=10$명이다. 따라서 전체에서 $\frac{10}{90}\fallingdotseq11\%$의 비율을 차지하고 있으므로 옳지 않은 설명이다.

ㄹ. '월 240만 원 이상 270만 원 미만'의 구간에서 월 250만 원 이상 받는 근로자의 수는 주어진 자료만으로는 확인할 수 없다.

13   정답 ④

합격자 중 남자의 비율은 $\frac{1,699}{2,323}\times100\fallingdotseq73.1\%$이므로 옳지 않은 설명이다.

① 총 입사지원자 중 합격률은 $\frac{1,699+624}{10,891+3,984}\times100\fallingdotseq15.6\%$이므로 15% 이상이다.

② 여자 입사지원자 대비 여자의 합격률은 $\frac{624}{3,984}\times100\fallingdotseq15.7\%$이므로 20% 미만이다.

③ 총 입사지원자 중 여자는 $\frac{3,984}{14,875}\times100\fallingdotseq26.8\%$이므로 30% 미만이다.

⑤ 남자 입사지원자의 합격률은 $\frac{1,699}{10,891}\times100\fallingdotseq15.6\%$이고, 여자 입사지원자의 합격률은 $\frac{624}{3,984}\times100\fallingdotseq15.7\%$이므로 옳은 설명이다.

14   정답 ①

㉠ 단순한 인과관계 : 원인과 결과를 분명하게 구분할 수 있는 경우이다.

㉡ 닭과 계란의 인과관계 : 원인과 결과를 구분하기 어려운 경우이다.

㉢ 복잡한 인과관계 : 단순한 인과관계와 닭과 계란의 인과관계의 두 유형이 복잡하게 서로 얽혀 있는 경우이다.

15   정답 ②

초고령화 사회는 실버산업(기업)을 기준으로 외부환경 요소로 볼 수 있다. 따라서 기회 요인에 해당한다.

① 제품의 우수한 품질은 기업의 내부환경 요소로 볼 수 있다. 따라서 강점 요인에 해당한다.

③ 기업의 비효율적인 업무 프로세스는 기업의 내부환경 요소로 볼 수 있다. 따라서 약점 요인에 해당한다.

④ 살균제 달걀 논란은 빵집(기업)을 기준으로 외부환경 요소로 볼 수 있다. 따라서 위협 요인에 해당한다.

⑤ 근육운동 열풍은 헬스장(기업)을 기준으로 외부환경 요소로 볼 수 있다. 따라서 기회 요인에 해당한다.

16   정답 ②

제시문에서는 저작권 소유자 중심의 저작권 논리를 비판하며 저작권의 의의를 가지려면 저작물이 사회적으로 공유되어야 한다고 주장하고 있다. 따라서 주장에 대한 비판으로 ②가 가장 적절하다.

17   정답 ④

(A) 중요성 : 매출 / 이익 기여도, 지속성 / 파급성, 고객만족도 향상, 경쟁사와의 차별화 등

(B) 긴급성 : 달성의 긴급도, 달성에 필요한 시간 등

(C) 용이성 : 실시상의 난이도, 필요자원 적정성 등

18   정답 ②

7월 26일은 비가 오는 날이므로 첫 번째 조건에 따라 A사원은 커피류를 마신다. 또한, 두 번째 조건에 따라 평균기온은 27℃로 26℃ 이상이므로 큰 컵으로 마시고, 세 번째 조건에 따라 카페라테를 마신다.

19   정답 ④

7월 24일은 비가 오지 않는 화요일이며, 평균기온은 28℃이므로 A사원은 밀크티 큰 컵을 마신다. 그리고 23일은 맑은 날이고 26℃이므로, A사원은 자몽에이드 큰 컵을 마셨을 것이다. 그러므로 B사원에게는 자몽에이드 큰 컵을 사준다. 따라서 A사원이 지불할 금액은 $4,800+4,700=9,500$원이다.

20   정답 ④

글의 첫 번째 문단에서 위계화의 개념을 설명하고, 이러한 불평등의 원인과 구조에 대해 살펴보고 있다. 따라서 글의 제목으로 ④가 가장 적절하다.

21   정답 ④

갑은 노키즈존의 운영에 대하여 반대, 을은 노키즈존의 운영에 대하여 찬성하는 입장이다.

22   정답 ④

한나가 집에서 학교를 거쳐 학원까지 이동한 총 거리는 다음과 같다.

$6\times\frac{50}{60}+40\times\frac{15}{60}=5+10=15$km

따라서 한나의 총 이동거리는 15km이다.

23

- 개인경영 : $\left(\dfrac{238,789}{124,446}-1\right)\times100 \fallingdotseq 91.9\%$

- 회사법인 : $\left(\dfrac{43,099}{26,610}-1\right)\times100 \fallingdotseq 62\%$

- 회사 이외의 법인 : $\left(\dfrac{10,128}{5,542}-1\right)\times100 \fallingdotseq 82.7\%$

- 비법인 단체 : $\left(\dfrac{791}{431}-1\right)\times100 \fallingdotseq 83.5\%$

따라서 수익률이 가장 높은 예식장 사업 형태는 개인경영 형태이다.

오답분석

① 사업체 수를 보면 다른 사업 형태보다 개인경영 사업체 수가 많은 것을 확인할 수 있다.
② 사업체당 매출액을 구하면 다음과 같다.

- 개인경영 : $\dfrac{238,789}{1,160} \fallingdotseq 206$백만 원

- 회사법인 : $\dfrac{43,099}{44} \fallingdotseq 980$백만 원

- 회사 이외의 법인 : $\dfrac{10,128}{91} \fallingdotseq 111$백만 원

- 비법인 단체 : $\dfrac{791}{9} \fallingdotseq 88$백만 원

따라서 사업체당 매출액이 가장 큰 예식장 사업 형태는 회사법인 예식장이다.
③ 자료에서 예식장 사업 합계를 보면 매출액은 292,807백만 원이며, 비용은 매출액의 절반 정도인 157,029백만 원이므로 매출액의 절반 정도가 수익이 되는 사업이라고 할 수 있다.
⑤ 사업체당 평균 면적은 면적을 사업체 수로 나눠서 구한다. 사업체당 평균 면적을 구하면 다음과 같다.

- 개인경영 : $\dfrac{1,253,791}{1,160} \fallingdotseq 1,081\text{m}^2$

- 회사법인 : $\dfrac{155,379}{44} \fallingdotseq 3,531\text{m}^2$

- 회사 이외의 법인 : $\dfrac{54,665}{91} \fallingdotseq 601\text{m}^2$

- 비법인 단체 : $\dfrac{3,534}{9} \fallingdotseq 393\text{m}^2$

따라서 사업체당 평균 면적이 가장 작은 예식장 사업 형태는 비법인 단체 형태이다.

24

2018년 서울(2.2%), 부산(3.0%), 광주(6.5%)의 실질 성장률은 각각 2017년 서울(1.0%), 부산(0.6%), 광주(1.5%)에 비해 2배 이상 증가하였으므로 옳은 내용이다.

오답분석

② 실질 성장률이 가장 높은 도시는 2017년에는 울산(4.3%)이고 2018년에는 광주(6.5%)이므로 일치하지 않는다.
③ 부산의 경우 2014년 실질 성장률(7.9%)이 2013년(5.3%)에 비해 증가하였으므로 옳지 않은 내용이다.
④ 2015년 대비 2016년 실질 성장률이 5%p 이상 감소한 도시는 서울(6.7%p), 인천(8.3%p), 광주(7.9%p), 울산(13.2%p) 총 4곳이므로 옳지 않다.
⑤ 2013년 실질 성장률이 가장 높은 도시는 광주(10.1%)이고 2020년 실질 성장률이 가장 낮은 도시는 대전(3.2%)이므로 일치하지 않는다.

25

두 번째, 세 번째 결과에서 A는 가위를 내지 않았고 B는 바위를 내지 않았으므로, A가 바위를 내고 B가 가위를 낸 경우, A가 바위를 내고 B가 보를 낸 경우, A가 보를 내고 B가 가위를 낸 경우, A와 B가 둘 다 보를 낸 경우 총 4가지로 나누어 조건을 따져보면 다음과 같다.

구분	A	B	C	D	E	F
경우 1	바위	가위	바위	가위	바위	보
경우 2	바위	보	바위	보	가위	보
경우 3	보	가위	보	가위	바위	가위
경우 4	보	보	보	보	가위	가위

A와 B가 모두 보를 낸 경우에만 모든 조건을 만족하므로, E와 F가 이기고 나머지는 졌다.

| 02 | 직무수행능력평가

26
정답 ④

표준관입시험(SPT)의 목적은 현장 지반의 강도를 추정(N값)하고, 흐트러진 시료를 채취하는 것이다. 표준관입시험으로는 흐트러지지 않은 시료를 얻을 수 없다.

27
정답 ①

승강장(철도의 건설기준에 관한 규정 제22조 제1항)
승강장은 직선구간에 설치하여야 한다. 다만, 지형여건 등으로 부득이한 경우에는 곡선반경 600m 이상의 곡선구간에 설치할 수 있다.

오답분석
②·③ 철도의 건설기준에 관한 규정 제22조 제5항
④ 철도의 건설기준에 관한 규정 제22조 제4항
⑤ 철도의 건설기준에 관한 규정 제22조 제6항

28
정답 ①

거리표는 열차운전의 보안과 선로보수의 편의를 위해 노반의 비탈머리에 설치하는 거리표지로, 선로의 기점으로부터 종점 방향으로 거리를 표시한다. 거리표에는 노반머리 좌측에 1km마다 세우는 'km' 표와 그 중간에 200m마다 세우는 'm' 표가 있다.

29
정답 ③

마찰에 의한 손실은 통상 포스트텐션(Post Tension)에서 고려하는 프리스트레스 감소 원인 중의 하나이다.

30
정답 ③

방위각법은 오차가 이후의 측량에 계속 누적되는 단점이 있다.

방위각법
각 측선이 일정한 기준선(진북, 자오선) 방향과 이루는 각을 우회로 관측하는 다각측량에서의 각 관측의 한 방법으로, 반전법과 고정법의 2가지 방법이 있다. 각 관측값의 계산과 제도에 편리하며 신속히 관측할 수 있어 노선측량 또는 지형측량에 널리 쓰인다.

31
정답 ⑤

암거 상부의 되메우기 구간은 주로 동상이 발생하는 곳으로, 악천후의 발생으로 시행하는 선로순회 시 점검해야 하는 특별 위험 개소에 해당하지 않는다.

특별 위험 개소
• 사면활동으로 배수에 방해가 될 수 있는 구간
• 다량의 빗물로 인해 궤도재료가 분리될 수 있는 급경사 배수로
• 폭우나 홍수로 지반이 약해질 수 있는 토공시설
• 입구가 막히거나 침수가 될 수 있는 터널
• 폭설 시 적설이 발생할 수 있는 지역

32
정답 ①

강도설계법에서는 소성이론을 적용하고 있다.

33
정답 ④

곡선반경(철도의 건설기준에 관한 규정 제6조 제1항)
본선의 곡선반경은 설계속도에 따라 다음 표의 값 이상으로 하여야 한다.

설계속도 V (km/h)	최소 곡선반경(m)	
	자갈도상 궤도	콘크리트도상 궤도
350	6,100	4,700
300	4,500	3,500
250	3,100	2,400
200	1,900	1,600
150	1,100	900
120	700	600
$V \leq 70$	400	400

34
정답 ⑤

인장력을 받는 이형철근 및 이형철선의 겹침이음 중에서 A급 이음은 배치된 철근량이 이음부 전체 구간에서 해석 결과 요구되는 소요 철근량의 2배 이상이고 소요 겹침이음길이 내 겹침이음된 철근량이 전체 철근량의 1/2 이하인 경우를 말하며, B급 이음은 A급 이음에 해당되지 않는 경우를 말한다.

35
정답 ④

㉠ 궤간의 확대 틀림량은 (+)로 표시한다.
㉢ 면맞춤의 경우 직선부의 좌측 레일을 기준으로 측정하며, 높이 솟은 틀림량을 (+)로 표시한다.
㉣ 줄맞춤의 경우 곡선부의 외측 레일을 기준으로 측정하며, 궤간 외방으로 틀림량을 (+)로 표시한다.

오답분석
㉡ 수평을 측정할 때 곡선부는 내측 레일을 기준으로 한다.
㉤ 줄맞춤의 경우 직선부는 좌측 레일을 기준으로 측정한다.

36
정답 ④

철근콘크리트 구조물은 내구성과 내화성이 좋다.

37
정답 ②

부재축에 직각으로 설치되는 전단 철근, 즉 수직 스터럽의 간격은 $0.5d$ 이하 또는 60cm 이하이어야 한다.

제4회 정답 및 해설

38 정답 ⑤

위험단면은 받침부 내면에서 d만큼 떨어진 단면으로 본다.

39 정답 ④

- A : $1 \times 1 = 1$
- B : $0.5 \times 1 + 0.5 \times 1 = 1$
- C : $1 \times 1 = 1$
- D : $1 \times 2 - 1 \times 1 = 1$

40 정답 ③

분기기는 유지관리가 용이하며 내구연한이 길어야 한다.

분기기의 요구조건
- 분기기는 구조적으로 안전하고, 재료 손상이 적어야 하며 승차감이 좋은 구조여야 한다.
- 레일을 견고하게 체결할 수 있어야 하고, 열차하중을 지지할 수 있도록 충분한 강도가 있어야 한다.
- 탄성, 내충격성, 완충성, 내구성 등이 풍부하여 열차의 충격, 진동을 완화할 수 있어야 한다.
- 유지관리가 용이하며 내구연한이 길어야 한다.
- 시공성이 좋고 재료수급이 용이하여야 한다.
- 신호체계와의 호환성이 있어야 한다.

41 정답 ①

보선작업의 기계화를 위해서는 기계화 보수에 적합한 유지보수체제로의 전환이 필요하다. 이때, 기계화 보수에 적합한 보수 방법은 수시수선방식이 아닌 정기수선방식이다.

기계보선작업의 기계화 방안
- 궤도관리체계의 전산화 구축
- 유지보수 비용 절감을 위한 궤도 구성품 및 고효율 보수 장비 도입
- 작업계획의 자동화 및 차별화
- 기계화 보수에 적합한 유지보수체제 전환

42 정답 ①

1인 1일 평균급수량 특징
- 대도시와 공업도시가 소도시에 비해 수량이 크다.
- 기온이 높을수록 수량이 크다.
- 정액급수 방식일수록 수량이 크다.
- 생활수준이 높을수록 수량이 크다.
- 수압이 클수록 수량이 크다.

43 정답 ①

갈고리는 인장을 받는 구역에서 철근 정착에 유효하다.

44 정답 ②

㉠ : 장대레일, ㉡ : 신축이음매, ㉢ : 정척레일
완충레일은 신축이음매를 사용하지 않고 3~5개 정도의 정척레일과 고탄소강의 이음매판 및 볼트를 설치하여 장대레일의 신축을 처리하는 데 사용되는 레일을 의미한다.

45 정답 ④

단면 상승모멘트는 좌표축에 따라 (+), (−)의 부호를 갖는다.

46 정답 ②

오답분석
① 상대측위란 두 대 이상의 수신기를 사용하여 동시에 측량을 한 후 데이터를 처리하여 측량정도를 높이는 GNSS 측량법이다.
③ 위상차의 계산은 단일차분, 이중차분, 삼중차분 기법으로 한다.
④ 절대측위보다 정밀도가 높다.
⑤ 고전적인 삼각측량에 해당된다.

47 정답 ②

강성기초의 접지압 분포를 볼 때, 최대접지압은 점토지반의 경우 기초의 모서리에서 발생하며, 모래지반의 경우 기초의 중앙부에서 발생한다.

48 정답 ④

도수는 사류인 흐름이 상류로 변할 때 에너지 급감쇠로 발생하는 현상이다. 따라서 $Fr > 1$인 것이 $Fr < 1$일 때 발생한다.

49 정답 ③

온도가 높을수록 크리프가 증가한다.

50 정답 ③

처짐 검사는 사용 하중 하에서 실시하도록 규정되어 있다.